企业核心员工自适应职业发展管理系统研究

王巧莲　著

中国商业出版社

图书在版编目（CIP）数据

企业核心员工自适应职业发展管理系统研究 / 王巧莲著. -- 北京 : 中国商业出版社, 2023. 7

ISBN 978-7-5208-2547-4

Ⅰ. ①企… Ⅱ. ①王… Ⅲ. ①企业管理-人力资源管理-研究 Ⅳ. ①F272. 92

中国国家版本馆 CIP 数据核字（2023）第 132349 号

责任编辑：李 飞
（策划编辑：蔡 凯）

中国商业出版社出版发行
（www. zgsycb. com 100053 北京广安门内报国寺 1 号）
总编室：010-63180647 编辑室：010-83114579
发行部：010-83120835/8286
新华书店经销
安徽中皖佰朗印务有限公司印刷

787 毫米×1092 毫米 16 开 10. 25 印张 220 千字
2023 年 7 月第 1 版 2023 年 7 月第 1 次印刷
定价：58. 00 元

* * * *

前 言

在经济快速发展、信息和人才流动全球化的当今，人才竞争已成为企业竞争的核心和焦点。企业可持续发展需要匹配的员工队伍支撑，员工的成长发展需要企业管理平台的支持，关于促进企业与员工发展匹配的职业发展管理论题具有重要意义。目前，相关理论研究主要集中于职业生涯影响因素分析以及员工个体发展独立视角；缺少对员工个体发展与企业发展需求的适应平衡过程的关注，以及如何通过引导、调节、反馈、优化等过程控制来促进企业员工发展匹配的研究。

本书立足企业管理实际，围绕当前企业职业发展管理问题和面临的挑战，从核心员工职业发展诉求出发，提出了自适应职业发展管理理念，构建企业核心员工自适应职业发展管理系统，以期为我国企业员工职业发展管理实践提供参考。

第一，基于我国企业所处环境和自身发展特点，界定核心员工范围，分析核心员工队伍特征和职业发展需求，提出自适应职业发展管理系统设计框架。

第二，构建了自适应职业发展目标引导子体系。设计履责基本目标引导体系，引导员工在现有职位工作过程中通过自我管理提升履责能力，适应企业业务承载需求；设计成长发展目标引导网络，帮助员工明确职业发展空间、发展标准以及发展激励，引导员工职业发展目标选择适应企业未来发展需求；在发展目标网络引导下，基于灰色聚类函数构建员工发展定位分析模型，帮助员工识别个体发展优势，为职业发展目标选择决策提供数据支持。

第三，构建了自适应学习成长管理子体系。分析核心员工学习特征，探索有效的学习成长路径。从组织支持角度，构建与成长标准对接的学习库，帮助员工实现个性化的学习课程定制；从工作过程学习需求角度，设计团队柔性沟通学习流程，在工作过程中为员工提供常态的知识分享、学习和改进提升机会，实现学习与工作实践相结合；从成长路径持续优化需求角度，设计学习与成长过程指导机制，为员工配备职业导师，为员工成长发展提供指导，促进员工学习行为适应职业发展目标标准要求。

第四，构建了成长状态监测反馈子体系。建立员工成长积分标准体系，一方面，动态监测采集员工成长状态信息，应用语言信息集成算子，集成定量成长数据和定性评价信息，以“成长积分”形式定量反馈，与目标参考模型比较，获取成长误差，为职业发展决策提供数据支持；另一方面，定量分析目标岗位的发展群体成长状态，与系统培养目标比较，获取培养误差，为学习成长管理系统优化调整提供数据支持。

第五，构建了自适应决策支持子体系。根据员工职业发展目标，分析发展类型与发展条件，形成自适应决策规则，设计决策支持流程。基于系统监测反馈数据，应用决策集结模型，集成不同阶段的多维度的成长状态数据和决策者偏好信息，预测员工发展匹配潜力，为员工自适应发展决策和企业后备人才选拔提供决策支持；基于职业定制模式，设计自适应职业发展进程调节平台，从发展步伐、工作条件、工作负荷等维度进行调整，为员工职业发展进程调节提供支持。

第六，设计系统运行保障机制。为职业发展系统运行提供所需的人财物资源、公平的晋升环境、信息化平台支持等多方面保障机制，尽可能消除系统运行过程中可能产生的干扰因素，促进员工职业发展良性循环，为企业快速发展提供可持续的人才支撑。

本书由北京劳动保障职业学院劳动经济管理学院教师王巧莲独立撰写完成。由于编者水平有限，书中难免有不当和疏漏之处，敬请广大读者对内容的不足之处提出批评和建议，以便我们不断改进和完善。

王巧莲
2023 年 2 月

目　录

第1章 绪 论

为什么要研究企业核心员工职业发展管理？职业发展管理系统构建研究意义何在？这是本章首先要阐述的问题。其次，本章对国内外相关主题的研究文献中的理论、观点、研究数据、结论等进行梳理综述，并通过对本书主要研究内容、主要研究创新点、研究思路框架的概述，来阐述本书的研究主题、定位和研究思路，目的也在于阐明针对现代企业核心员工队伍特征及职业发展管理挑战，如何开展企业核心员工职业发展管理系统研究。

1.1 课题背景及意义

1.1.1 研究背景

企业的发展需要可持续的人才支撑，因此企业吸引人才、培养人才、留住人才的能力将直接影响到企业未来的发展。“90后”“00后”逐渐成为企业核心骨干员工队伍主体，相比父辈其职业理念发生了变化，在优越的家庭环境和物质条件下，“养家糊口”的经济需求已不再是其职业选择的核心标准，他们具有个性化和独立的见解，更加敢于挑战、不喜约束，在职场中追求工作享受和价值认同。据“职业选择倾向”调查结果显示，中智咨询联合预才网校园招聘平台发布的《2021年新生代管理趋势调研报告》显示新生代员工最期望得到的非物质激励是培养晋升机会（66%）。其中90后员工更期望得到培养晋升机会（74%）和内部创业/合伙人机会（26%），其次是“该工作是自己喜欢做的事”。因此，能够为员工提供良好的发展空间和工作机会的职业发展管理成为企业吸引员工、培养员工、留住员工的关键。

人才流动全球化、员工队伍职业价值观的变化、女性员工比例增加、HRM人本化等趋势，对企业员工职业发展管理提出了新的挑战。一项对90后员工从业心态的调查结果表明，当工作不满意时，76%的人选择考虑离职或自主创业，只有

24%的人选择继续留任。因此，能够为员工提供满意的工作、发挥员工选择主观能动性的职业发展管理对企业吸引人才、培养人才、留住人才至关重要。

员工是职业发展管理全过程中的“跟踪体验主体”和职业发展历史过程的“全程监控主体”。职业发展管理在很大程度上应是由个人主导的自我决策、自我控制的管理过程。但基于个体特性差异、掌握信息量差异、所处环境差异等，员工在企业中对个人职业发展管理能力存在差异，且随着企业发展及人才需求目标的变化，员工发展可能面临诸多阻碍因素和困难。因此，能够指引员工制定合理发展目标、帮助员工学习成长、适应组织需求的职业发展管理，对企业可持续发展具有重要意义。

面对激烈的人才竞争，近年来企业逐渐开始重视员工职业发展的管理。很多企业在人才招聘宣讲会中，强调本公司具有内部员工发展通道的设计、职业生涯管理方案等，来吸引优秀的人才进入企业。综观企业职业发展管理现状，却普遍存在无疾而终的现象。常常是管理初期热情满满，过程缺乏保障措施，未能切实为员工提供良好的发展平台，而使职业发展管理收效甚微，职业发展管理依然存在“瓶颈”，存在诸多管理问题亟待解决。从企业发展的角度来看，需思考在未来业务发展过程中，需要什么样的人才队伍，哪些员工可以用，哪些员工有潜力成为需要的人才，如何尽快将他们培养成企业需要的人才。从员工发展的角度，需思考在企业未来发展过程中，“我可以发展到哪里”“我适合发展到哪里”“需要为此付出什么努力”“发展了可获得什么增值”。

本书从管理学的角度，以企业核心员工为主要研究对象，系统分析员工职业发展过程中的影响因素，以帮助企业通过良好的管理吸引人才、培养人才、留住人才为目标，探索研究如何帮助员工管理个人职业发展以适应企业发展需求，研究探索企业职业发展管理系统的构建和运行操作，并将题目定位于“企业核心员工自适应职业发展管理系统研究”。

1.1.2 研究意义

一般来说，企业核心员工占到企业总数的20%～30%，集中了企业80%～90%的技术和管理资源，创造企业80%以上的价值和利润。而员工的忠诚就意味着顾客的忠诚，意味着产品质量和创新。因此如何提高核心员工对企业的忠诚度，积极发挥自身的资源优势，是企业可持续发展面临的关键问题。心理学家马斯洛（Maslow）提出，人的最终需要就是“越来越接近自己希望的那种样子，越来越变成自己能够成为的那种人”。马斯洛所说的自我实现的意思是指“人能够做到的，他就一定要做到……它是指一种自我满足的愿望，即变成他具有潜在能力去做的那种人”。由此组织赢得员工献身精神或员工忠诚度的一个关键就是帮助他们完成自我实现，使他们充分发挥自己的潜能并获得职业生涯成功。

随着以人才为基础的科技竞争愈演愈烈，企业对核心人才的争夺也趋于白热化，如何吸引人才、留住人才这个问题的解决也就显得非常迫切。根据美世咨询（Mercer）对中国企业的调查显示，85%的企业认为职业生涯管理是留住员工的最重要的方法。企业员工职业发展规划全过程管理正是将企业人才培养落实的过程跟踪管理，从对员工职业发展的引导和关注，到员工基于个人诊断和组织战略人才规划需求的个人职业发展规划，以及执行过程的跟踪管理等，是企业一系列人才队伍建设措施的落实过程管理，贯穿并推进企业发展过程中可持续的人力资源队伍建设。企业通过有效的、与企业战略规划相匹配的职业发展管理，促使核心员工将个人的事业目标和企业的发展目标相结合，也是提高企业对员工的吸引力、留住核心员工、形成核心竞争力、保持可持续发展的关键。

在经济、信息、人才流动全球化的这个时代，在倡导“以人为本”管理重要性的今天，职业发展管理研究越来越重要，是企业竞争力提升的关键。而我国在这方面的研究非常薄弱。对此，面向中国企业人才队伍建设需求，以人为本的职业发展管理研究，无论是在理论上还是在实践中，都具有非常重要的意义。

本书汲取国内外理论研究成果，从组织管理的角度，开展核心员工职业发展系统梳理研究。扩展职业发展的研究视角，从员工履责能力与现有岗位胜任匹配的角度、员工成长能力与未来企业发展的人才需求匹配的角度，开展核心员工职业发展管理的整合研究。应用自适应理论，丰富了职业发展管理研究的理论和方法。从组织目标和个人目标的角度，开展职业发展自适应决策研究，为组织与员工发展匹配和动态平衡，提供了理论支持和方法。

对员工而言，职业发展管理为其职业发展过程中的目标制定提供参考标准，帮助员工合理规划，提高员工对职业环境的把握能力和对职业困境的应对控制能力，以促进组织—员工发展适应；为员工学习成长、努力实现发展的过程，提供学习平台和成长指导等组织支持，帮助员工提高其职业技能和竞争力；为员工成长过程，提供成长状态数据采集、比较、定量反馈，为员工优化个人成长方案和成长路径提供数据支持；为员工提供平等就业晋升机会，帮助其充分发挥潜能，实现个人职业目标，对员工成长发展具有重要意义。

对企业而言，职业发展管理帮助规划企业战略发展过程中的人力资源需求，了解员工结构现状、员工需求以及发展目标，从而提早规划以应对企业现实和未来业务发展挑战，根据需求引导、培养和选拔员工，发挥员工潜力，提高组织—员工匹配度，承载企业核心业务运行，支撑企业战略目标的实现，对企业可持续发展具有重要意义。

1.2 国内外研究动态

职业发展是组织用来帮助员工获取目前及将来工作所需的技能、知识的一种方法。实际上“职业”（vocational）、“发展”（development）这两个单词在1960年以前很少被连在一起使用。直到20世纪60年代末，这两个单词才合并在一起，用来描述职业的发展或职业心理学。这之前，使用较多的词汇是职业规划或职业顾问（Vocational Guidance/Vocational Counseling）。由于早期的职业规划主要是作为方法工具来帮助人们满足职业结构的需要，而没有建立起在科学的基础和理论之上的职业规划和顾问。因此，可以说这时出现的均是职业发展的实践，而不是职业发展理论。后续为了弥补理论和应用科学的缺陷，欧洲和美国的一些专家着手构建职业发展的知识基础。

笔者广泛阅读多篇研究文献，一是通过外文文献的阅读，从职业发展相关研究领域的研究历程出发，如职业生涯、职业生涯规划、职业锚理论、人—职匹配理论等多方面学习了解职业发展产生的来源和其产生的必然性；二是通过多篇中文文献的阅读，了解相关理论在我国企业员工职业发展管理指导中的研究应用现状和发展趋势，寻找企业员工职业发展过程中应用的经典的职业发展管理理论以及相关支持职业发展的理论，并结合我国企业职业发展管理过程中暴露的尚未解决的以及亟待解决的问题、难点和需求，确定后续研究的主要目标，参考学习应用相关理论和方法，理论与实践相结合，研究企业核心员工职业发展管理系统在系统性、实用性、适应持续性方面的优化。

1.2.1 职业发展基本内涵

职业发展是指个体逐步实现职业目标、不断制定和实施新的目标的过程。主要分为职务变动和非职务变动两种。其中职务变动包含纵向晋升和横向调动。纵向晋升可获得职位层次的提升，横向调动可获得业务范围的扩展。非职务晋升则在企业近年的职业管理中逐渐受到重视，鉴于职位有限性、管理管控、机构精简等，企业开始注重非职务晋升对员工的激励。内容涉及工作范围的扩大、方法创新、业务项目挑战等，从提高员工工作能力、提升工作业绩的角度激励员工，修正员工的“当官才是晋升”的传统的发展理念。

员工职业发展管理，是以企业为实施主体的活动。企业通过招聘、培训、调动、晋升等管理活动，来恰当地配备人员，并给予控制和管理。这些活动伴随组织存续的始终。能否吸引合适的人才、提高组织工作效率，促进组织不断成功发展是衡量组织职业发展管理成功与否的标准。

1.2.2 职业发展阶段和选择研究动态

1.2.2.1 职业发展阶段理论

职业发展阶段理论，强调将职业发展过程根据年龄等分为若干阶段。随着年龄的增长，职业的特点会随之发生变化，职业所需具备的条件、要求的任务等都具有不同的特点，因此大量的学者对职业发展过程中的各个阶段进行长期研究，指导了职业发展管理理论的进步。

美国麻省理工学院斯隆研究院的施恩（Edgar H. Schein）教授，根据人生在不同年龄所需面对的关于职业的主要任务和问题，将职业生涯分为九个阶段，即成长阶段、幻想阶段、探索阶段、进入工作阶段、基础培训阶段、早期获取正式职业成员资格阶段、职业中期阶段、职业中期危险阶段、职业后期以及衰退和离职阶段，不同发展阶段面临不同工作任务。

美国著名的职业指导专家、职业生涯发展理论的先驱和典型代表人物Eli Ginzberg（1951），根据人们在就业前的意识和就业后的变化过程，将职业发展过程分为幻想期、尝试期和现实期三个阶段，该理论对职业生涯发展的管理实践产生了广泛的影响。格林豪斯（J. H. Greenhaus）根据人生不同年龄所需面对的职业发展的主要任务，将职业发展过程分为职业准备阶段、进入组织阶段、职业生涯初期、职业生涯中期、职业生涯后期五个阶段。

萨柏（Super）是发展型职业发展理论家中最重要的一位。其以年龄为依据，将职业生涯阶段划分为成长、探索、确立、维持和衰退五个主要阶段。萨柏从20

世纪50年代初开始引入有关职业发展的新思考方式。其1951年修订了自1937年以来一直使用的职业规划定义，且被国家职业规划协会采纳。他认为个人发展与职业发展相关，需通过个人的生活角色和工作角色共同决定职业发展模式。他指出，每个人在其一生的不同阶段都要扮演一到多个角色，且随时间变化，角色也在发生变化，而这些不同的生活角色将是个人职业发展的基础。

以上理论均将人的职业生涯分为多个阶段，但是在现实中，职业生涯是个持续的过程，且各个阶段界限并不明确，或相互交叉，且阶段的时间长短也会受到个人和环境的差异影响而有所不同。

1.2.2.2 职业发展选择理论

个体在职业发展的过程中，不断地面临职业目标的选择和发展的决策，并影响和引导后续的一系列的职业发展行为，国内外学者对此进行了深入研究，其中具有代表性的理论主要包括以下几种。

（1）美国教授帕森斯（Parson）的“特质因素理论”，又称为“人职匹配理论”，是用于职业选择与职业指导的最经典的理论。其在1908年提出职业设计三要素，一是个人主观条件（如智力、爱好、拥有的资源等）；二是职业客观要求的条件（竞争、给予、发展前景等）；三是对上述对应分析判断，选择与个人匹配的职业发展方向。

（2）美国心理学家佛隆（Vroom）提出“择业动机理论”，将期望理论用来解释职业选择行为，即择业动机F=职业效价×职业概率。其中择业动机表明，择业者对目标职业的追求程度，或对某项职业选择意向的大小；职业效价=V（职业价值观，职业要素评估）；职业概率=E（职业需求量，竞争能力，竞争系数，随机性）。

（3）美国咨询心理学家、著名的职业指导专家霍兰德（John Holland）在1959年，提出了具有广泛社会影响的“职业选择理论”。理论提出“在与个性一致的工作环境下，人们的工作和职业发展能达到最佳状态，并能对工作满意”。他认为个性与工作越匹配，人们就越能获得满意，个性的结构决定了一个人的职业选择，不同的职业偏向于不同的个性。霍兰德将职业按照个性分为实际型、研究型、艺术型、社交型、企业型和传统型六种，将人格类型和环境类型进行了匹配，如图1-1所示，平面六角图的6个角分别代表6种职业类型和6种职业性向类型。连线越短，则这两种类型的人职业性向相关系数就越大，适应程度就越高。且这 6 个是相关关系的，当人无法在个人所偏好的部门找到合适工作时，往往在六角形相邻近的部门找到的工作比相距较远的部门更能让人满意。奥尼尔等（Oneil，Magoon 和 Tracey）进行了一项七年的跟踪研究，研究结果有力地支持了霍兰德模型预测的有效性。

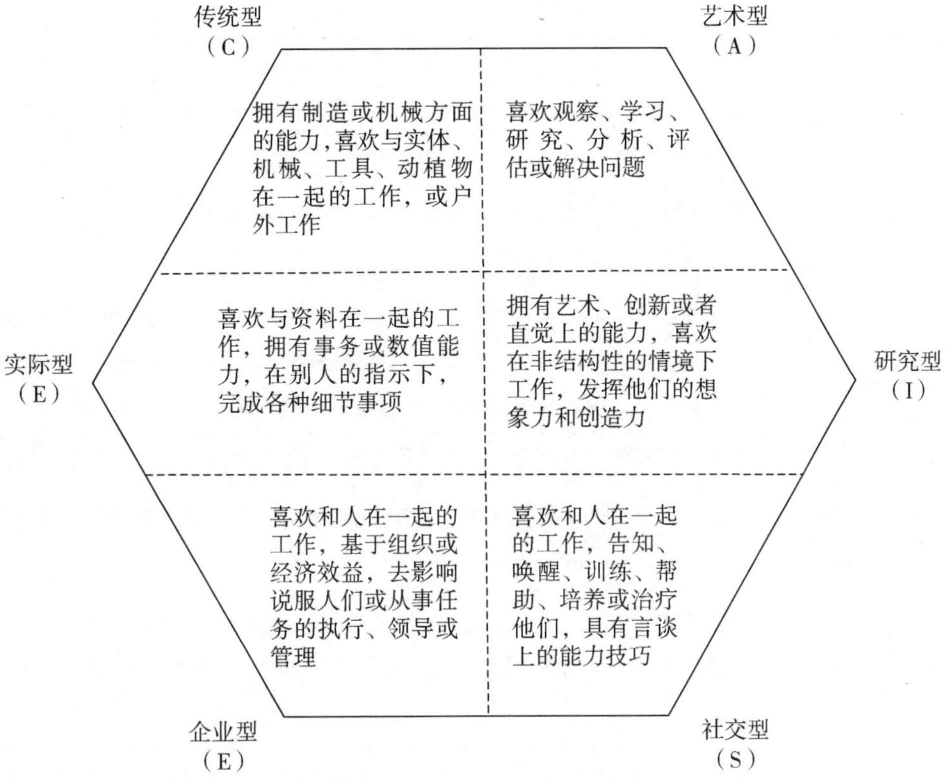

图 1-1　霍兰德的六边形模型

（4）David Tiedeman 和 O H'ara（1963）提出职业生涯选择法，包括探索、具体化、选择、澄清、推理、变革、整理七个步骤，并强调双向决策，其中四个阶段发生在人脑思维过程中，且各阶段都只是过程中的一部分，在职业决策过程中，选择可能发生在职业过程的早期，推理后也可能回到澄清阶段。

1.2.3　组织职业发展管理研究动态

1.2.3.1　定义与维度

Bernes，Magnusson（1999）将职业生涯管理依据它的主体和目的分为：自我职业生涯管理（Individual Career Management，ICM）和组织职业生涯管理（Organizational Career Management，OCM）。自从提出组织职业生涯管理以来，如何定义组织职业生涯管理，国内外的学者并没有形成统一的认识。对于组织职业生涯的定义，比较具有代表性的如表 1-1 所示。

表 1-1　组织职业生涯管理定义比较研究

代表人物/年份	组织职业生涯管理的经典定义
Giney（1988）	是整合性的人力资源活动，即以人力资源管理措施支撑个人职业生涯发展
Pazy（1988）	是组织为了加强员工职业生涯而采取有效的政策和实践
Milkovich、Boudreau（1991）	是组织为满足未来需求，甄选、评估、指派与发展员工，以提供一群合格者去完成未来需求的过程
Kossek、Roberts 和 Fishers（1998）	是由组织实施的、旨在开发员工的潜力、留住员工、使员工能自我实现的一系列管理方法。以提高公司人力资源质量，发挥人力资源管理效率为目的，通过个人发展愿望与组织发展需求的结合实现组织的发展
Gary Dessler（1999）	是了解雇员的职业兴趣、职业锚及技能，将他们放到最合适的职业轨道上
Jeffrey，Gerard，Veronica（2003）	是一个持续解决问题的过程，包括信息的收集、对自身及环境变化的认识、职业生涯目标、战略开发和反馈的获得
龙立荣、方俐洛和凌文铨（2002）	指由组织实施，帮助员工实现自我价值、企业能够留住员工、激发员工的工作潜力等一系列管理活动。这是国内研究应用范围最广也最有影响力的概念
张旭、张爱琴（2003）	指企业帮助员工制定员工在企业的发展目标与职业规划，并且提供员工在职业发展过程中所需要的、系统的人力资源管理实践方法，进一步使企业和个人形成紧密联系的利益共同体
周文霞（2004）	指从组织角度，对员工所从事职业和职业发展过程所进行的一系列计划、组织、领导和控制活动，以获得组织发展与个人发展的有效结合
Greenhaus（2006）	指组织为帮助员工更好地认识自己和所处的环境，形成职业发展目标和战略，以及获得反馈而开展的相关活动或实施的相关政策

组织职业生涯的过程可以划分为几个关键阶段，来根据其特征进行管理支持，国内外学者对此进行了研究，具有代表性的维度划分如表 1-2 所示。

表1-2　组织职业生涯维度研究比较

代表人物/年份	维度	维度内容
Pazy（1988）	3	职业生涯开发政策；促进员工职业发展的活动；为员工提供职位空缺信息
Herriot P 和 Pemberton（1994）	5	对培训和发展的重视程度；是否给员工提供工作流动和机会；提供职业发展机会是否广泛；给雇员职业流动的选择度；职业管理的公平程度
Crabtree（1999）	4	培训与发展；职业规划；工作空缺与工作安排；咨询和安排导师
Sturges、Guest 和 Conway 等（2002）	2	正式的实践活动（Formal Practices）；非正式的实践活动（Informal Practices）
龙立荣（2002）	4	晋升公平；提供信息；注重培训；职业自我认识
赵琼（2006）	4	生涯辅导；关心员工；组织支持；制度保证
邹开敏（2007）	5	绩效和晋升；提供信息；培训与学习；发展项目；上级支持

1.2.3.2　组织职业发展路径研究

美国施恩（Edgar H. Schein）教授在1975年提出职业锚概念，指出人职匹配理论已从个体先天特征深入工作特征与个体就职后的磨合。1978年，提出职业锚理论（Career Anchors），包括五种类型：自主型职业锚、创业型职业锚、管理能力型职业锚、技术职能型职业锚、安全型职业锚。其职业发展圆锥模型，如图1-2所示，将员工在组织内的职业发展看成在圆锥体内的运动，垂直运动代表升迁，圆周运动代表改行，辐射运动代表接近组织的核心层。圆锥体表面是企业所提供的职业升迁上限。脱离圆锥体代表离职。实验数据表明，简单的切向运动和垂直运动（连续、有序特征）不足10%。90%是垂直和切向同时变化。其中又有近半数是组织间流动（雇主变化）。

在职业发展管理过程中，一个很重要的阶段就是组织设计职业发展路径引导员工，员工据此设计自己的职业发展路径。其中最有名的职业发展路径研究是“双梯体系”（Dual Ladder System），该理论对实践有一定的指导意义，但在实践中也越来越多地反映出它的缺陷。在 Schein、Allen 和 Katz 的研究中，得出影响职业倾向的一些主要因素，即自主性/依赖性、管理才能、技术才能、安全性/稳定性、奉献、变化、认知。并据此形成技术管理路径、水平技术职业路径、垂直技术路径以及项目负责路径这四种基本职业发展路径。发展路径的选择取决于个

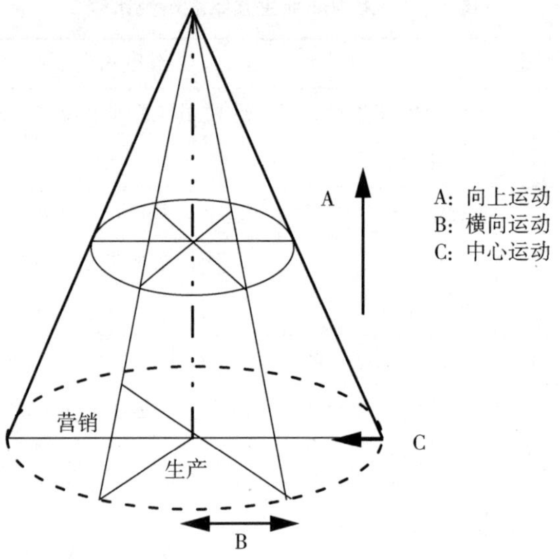

图 1-2　职业发展运动形式

人偏好。在管理人员所需的交际能力、概念能力和技术能力基础之上，形成了螺旋模式、线性模式、专家模式和短暂模式四种职业选择模式。

1.2.3.3　组织职业发展管理系统化研究

随着组织职业生涯管理研究深入，逐渐从实践研究提升至系统研究。组织职业生涯系统是指组织对员工进入、留在和退出组织的过程中所采取的一组政策和实践的集合（Sonnenfeld 和 Peiperl，1988）。员工进入则涉及企业人力资源规划、招聘等；员工发展涉及企业的培训、晋升等；员工退出涉及企业退休、辞职等管理活动。并从职业供给和升迁两个角度将组织职业发展系统分为棒球队型、俱乐部型、学院型和堡垒型四种类型。Gutteridger（1993）将西方组织职业生涯管理方法总结为：提供自我评估工具和机会；职业发展咨询；发布劳动力需求信息；潜能评价；培训、发展等。Baruch（2003）也探索建立了组织职业生涯管理范式模型，并通过 22 项实践调查研究表明，组织职业生涯系统包括员工发展导向、组织决策导向、创新导向、组织参与程度、复杂性和战略导向。

1.2.3.4　个人—组织发展共赢模式研究

在组织职业发展研究过程中，有的忽略了个人发展，有的忽略组织发展，缺乏两个研究角度的融合，几十年前，职业生涯研究的重要贡献者肖恩就指出并把这种现象形容为“奇怪的裂缝”。例如近年主要研究中，Hall 等主要针对组织的职业生涯开发，而 Savickas 和 Walsh 主要从个人的角度进行研究。即使两个领域产生了互动，也很少获得一致结论。这种分割状态无法给实践者需要指导，正像彼德·德鲁克指出的，有的雇员仅仅想成为技术员，有的只能在独立的情况下工作得最好，有的只有在国内市场能有所作为。如果组织硬要强迫雇员成为他们不能成为的角色，组织的收获是不会太大的。组织既要求品质，又要求终身学习能力，还要求与顾客打交道时有好的服务，这么多的要求是很难合一的。

2006 年 1 月由格林豪斯等所著的《职业生涯管理》（第三版）一书就给我们提供了一套系统的职业生涯管理理论框架与实践指南。Mercer HR 就改善职业管理的问题发表了一份全面的见解——《职业生涯共赢模式：融合三方合作，构建职业生涯、推动经营业绩》，针对职业发展现状和问题，有针对性地提出解决问题的方法，提出了供电企业员工职业生涯规划的设计目标、原则和流程，并提出了具体实施思路，整篇文章体现了严谨的系统性。

因此企业在职业发展管理过程中，要从组织需求和员工需求两个角度同时考虑管理，而不能强迫员工做不喜欢的工作或是上任不适合的岗位。当今企业员工大致可分核心员工、合同员工和临时员工。不同类型员工的发展需求不同。核心员工主要寻求能力提升、稳定性和关怀性的发展环境。专业技术方面的合同员工追求新的技术条件下的高报酬。而临时员工则追求灵活工作时间和转变为长期员工的机会。在这种灵活的用工方式下，员工需要个人发展管理。面对市场变化和挑战，一些企业选择在发展变革过程中随意裁员、更改组织机构、变换薪酬体系等是短视的做法，对员工的士气和职业生涯都会造成损害，且许多研究证明此类措施并未达到理想目标。组织应向学习型组织发展，采用网络化组织结构，合理管理员工职业发展，吸引人才、引导人才队伍水平提升，来支撑企业可持续发展。

廖泉文（2004）针对我国实际提出以个体、组织、社会三者共同实施的职业生涯管理三维规划，并在 2004 年根据个体职业生涯宏观、中观、微观三个层面提出的职业生涯管理模式。廖泉文提出“能岗匹配理论”，该理论包含：一是指某个人的能力完全能胜任该岗位的要求，即所谓“人得其职”；二是指岗位所要求的能力这个人完全具备，即所谓“职得其人”。其从东方管理理念与中国传统文化出发，结合我国国情，先后提出了提高个人职业成功概率的马论、红叶子理论、交点理论、烧开水理论、绣花理论等，对推动我国本土职业生涯管理微观层面的研究具有积极作用。

龙立荣等（2002）从心理学角度进行了组织职业生涯管理及效果的实证研究，发现组织职业生涯管理对组织承诺、工作绩效、职务投入具有积极影响。张勉等（2003）专门针对IT行业员工离职因素进行了实证研究，为IT行业员工职业生涯管理提供了依据。马士斌（2005）通过大量人员职业转移的实证研究，探索了不同人群、组织、行业中员工职业生涯历程的迁移模式。孙妍（2006）从系统的角度提出职业生涯管理价值链营销是内职业与外职业彼此相互制约又相互促进的“需求—通路”协同进化系统，吸取了价值链、营销、职位族、胜任力、平衡积分卡等其他理论学派的研究成果，构建了适用于我国企业的职业生涯管理价值链的营销模式。赵慧娟（2009）通过对600多家企业问卷调查，验证员工对不同契合模式的重视程度取决于（权变于）其职业发展水平，建立了“基于员工职业发展的P-O契合权变管理模型”。刘天祥（2008）采用理论阐述与实践探索、规范研究与实证分析、演绎推理与归纳总结、研究借鉴与创新发展相结合的方法，构建IT产业知识型员工职业生涯管理体系框架。肖雅楠（2010）调查研究职业生涯早期阶段员工的工作满意度影响因素，构建工作满意度—组织承诺—离职倾向关系模型，并相应提出相关的管理对策。张凡（2011）通过运用因素分析、层次回归分析和结构方程技术等方法对所收集到的836份有效问卷进行分析，结果发现，我国员工就业能力的内容结构包含五个因素，即职业技能、主动适应性、被动适应性、合作精神、平衡，员工就业能力显著地影响职业满意度，并且员工就业能力的五个因素对职业满意度都产生显著的影响。研究还发现，我国员工就业能力正向影响客观职业生涯成功，主观职业生涯在其中起部分中介作用。

1.2.4　自适应理论综述

Self-adaptive（自适应）原本是一个控制理论的概念，采用自适应策略所构成的控制系统在运行期间，能自身在线积累与实行有效控制所有有关的信息，并能及时调整系统结构的有关参数，使系统的性能达到最优或次优。任何一个实际系统都有一定程度的不确定性，它们来自系统内部或外部。面对这些客观存在的各式各样的不确定性，如何综合出适当的控制方法使系统达到最优或接近最优的指标，就是自适应控制所要研究解决的问题。

Adaptive control（自适应控制）是对系统无法预知的变化，能自动地不断使系统保持所希望的状态，因此，一个自适应控制系统，应能在其运行过程中，通过不断地测取系统的输入、状态，输出性能参数，逐渐地了解和掌握对象，然后根据所获得的过程信息，按一定的设计方法做出控制决策去修正控制器的结构、参数或控制作用，以便在某种意义下，使控制效果达到最优或近似更优。关于自适应控制定义有许多不同的观点，其中比较具有代表性的定义如表1-3所示。

表1-3 自适应控制定义研究对比

年份	代表人	自适应控制的经典定义	共同特征
1961	Truxal	任何按自适应观点设计的物理系统均为自适应系统	系统的不确定性、信息的在线积累、过程的有效控制
1962	Gibson	一个自适应控制系统必须提供被控对象当前状态的连续信息，也就是要辨识对象，它必须将当前的系统性能与期望的或者最优的性能相比较，并作出使系统趋向期望或最优性能的决策。最后，它必须对控制器进行适当的修正以驱使系统走向期望或最优性能的决策	
1974	Landau	一个自适应系统，利用其中的可调节系统的各种输入、状态和输出来度量某个性能指标，将所测得的性能指标与规定的性能指标相比较，然后由自适应机构来修正可调节系统的参数或者产生一个辅助输入信号，以保持系统的性能指标接近于规定的指标	

模型自适应控制（Model Reference Adaptive Control）系统，最初是由美国麻省理工学院（MIT）的Whitaker教授于1958年提出的，并用参数最优化理论导出了自适应规律的算法，称为MIT方案。在后面的发展过程中，许多学者在提高系统稳定性、收敛性及控制方案方面做出大量的工作。模型参考自适应系统的基本结构如图1-3所示，系统包含了一个理想模型（参考模型），模型的输出代表了该系统期望的动态响应，即表征了对系统性能的要求。当理想模型与实际系统输出有差异时，则通过自适应机构（适应算法）做出决策，由执行机构改变可调系统控制器参数以消除误差，使实际系统（可调系统）与参考模型动态响应一致。

目前，诸多研究开始通过基于体系结构的自适应方法，在系统运行过程中采集环境变化信息，动态改变系统行为，使系统运行稳定。或在电力系统中应用自适应控制原理来处理基于参数变化时的稳定控制问题，以及在微电网控制方面的

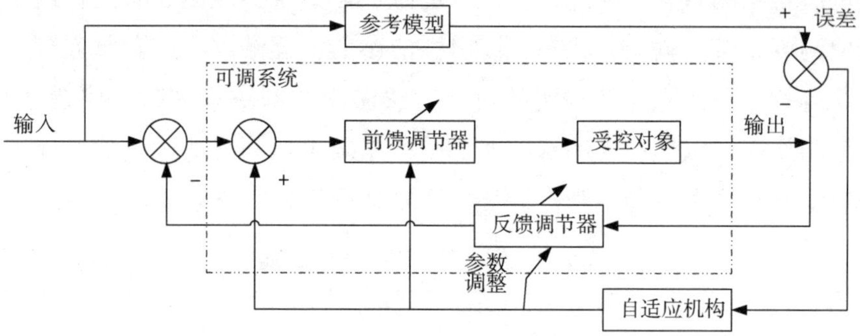

图 1-3　模型参考自适应控制系统

作用。Holland 在 1994 年提出复杂自适应系统（CAS）的理论，应用于研究组织复杂性、创造性和文化复杂性、自适应性和管理意识形态等，也逐渐被应用于解决决策、预测和分析问题在工程、社会和管理领域。如应用控制反馈来解决企业生产管理中的自适应问题，解决部分系统中受到干扰后的调节控制问题，促使系统趋于稳定。自适应控制理论在车间生产管理控制中有所应用，如通过对某服装企业生产车间的生产过程的分析，采用自适应控制中的自校正控制方式来分析和研究。或应用于动态环境下企业组织控制模型的研究等。目前自适应控制理论在人力资源管理方面的应用较少，更多的是应用于教育领域的学习系统设计，如高晓红（2003）针对系统与用户的适应性问题，对基于网络的自适应学习进行了理论与实践两个层次上的深入探索与研究；常炀（2009）基于自适应原理设计的自适应考试测评系统在很大程度上增强了考试的灵活性，提高了考试的效率；李孝诚和刘兆丽（2011）应用自适应控制原理研究设计了数学学习系统。但较少研究将自适应控制原理应用于员工职业发展管理方面的研究。

1.2.5　小结

综上所述，总体上，我国现阶段对职业发展的管理研究还主要集中于评述、比较、分析方面，这与我国当前职业生涯管理研究主要通过紧跟西方国家研究脚步密不可分。近几年，我国学术界也做了大量工作，逐步缩小与西方职业生涯管理先进国家的差距，并开始结合我国国情进行本土化探索。但主要是在国外职业发展理论基础上去研究和对比分析，通过调查问卷的形式，了解中国职业生涯管理现状以及对职业发展影响的重要因素等，尚存在以下几个方面的问题。

（1）缺少一些立足于我国文化背景，从企业实践操作的角度出发指导企业如何开展职业发展管理的实践研究。目前很多企业职业发展管理依然立足于西方理论的个人职业生涯管理，开展因素分析，提出简单的、定性的管理建议，缺少指导企业职业发展管理实际操作研究和定量分析。

（2）职业发展管理研究缺乏系统性。在职业发展管理过程中，忽略企业人力资源管理其他环节的联动管理。如引导员工发展，却没有较完善的配套发展培训体系、发展激励体系等支持，目标引导体系内容不完整，未能更好地推动员工自我管理和企业的组织管理相融合。

（3）职业发展管理研究缺乏过程控制。没有持续的过程跟踪和自我调节适应的管理措施，来支持企业职业发展管理的全过程管理；特别是当业务发展发生重大变化或是企业变革阶段，未能及时调整企业的人力资源队伍需求，来引导员工，实施人才储备。职业发展过程还没有具体的措施，来帮助员工根据个人主观情况和企业发展客观环境的变化，来调节和适应，以促进组织与员工发展匹配。

可见我国立足于企业实际的员工职业发展管理，还有许多方面需要去探索研究。随着我国社会经济的发展，越来越多企业开始关注和重视员工职业发展管理，特别是核心岗位后备人才的职业发展管理，希望能够通过良好的职业管理，提高企业对人才的吸引力以及内部人力资源队伍水平的提升和可持续，来支持企业的快速发展和变革。

1.3 研究内容及主要创新点

1.3.1 本书的研究内容

本书基于“人才成长管理机制”“岗位职责体系与员工职业生涯”等研究课题，结合在多家企业的实践研究经验，根据企业发展的人才支撑需求、员工的成长发展需求，借鉴国内外先进的管理理念和管理经验，对企业核心员工职业发展管理进行系统深入研究，研究内容及逻辑思路如图1-4所示，主要包括以下五个部分。

（1）研究企业如何为员工职业发展目标的制定提供清晰的目标和标准引导。一是从员工在现任岗位上履责能力提升发展的角度，分析构建集“工作—标准—

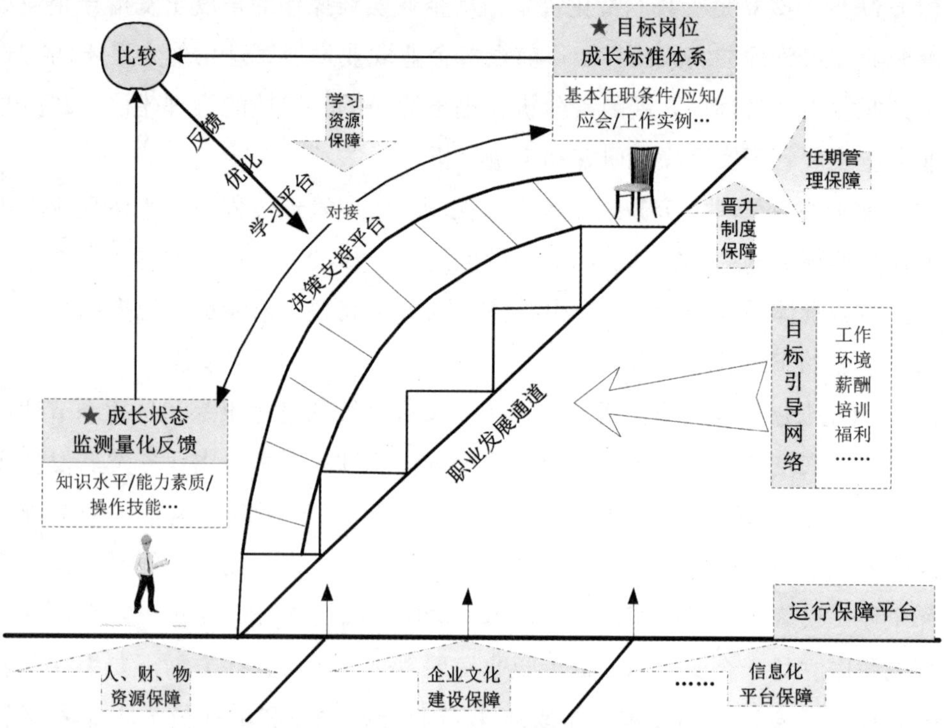

图 1-4　研究思路

流程”为一体的履责基础目标引导体系，帮助员工明白“干什么？干到什么程度？怎么干”，通过自我管理提升履责能力，满足业务承载需求。二是从员工对未来发展目标的胜任能力提升发展的角度，分析构建集“目标—标准—激励”为一体的发展目标引导网络，帮助员工清楚“我可以发展到哪里？需要为此作出什么努力？发展了可以获取什么增值”。三是在目标网络引导下，分析构建发展定位分析模型，帮助员工分析了解个人在组织中的发展优势和潜力，为员工职业目标选择提供数据支持。

（2）研究企业如何帮助员工高效学习、成长，实现职业发展目标。一是通过目标发展标准与培训内容对接，建立学习库，员工可根据个人成长目标在平台上定制个性化的学习课程，激发员工学习动力，提高学习效能。二是通过工作过程中的柔性沟通学习流程设计，为员工在学习过程中的知识分享、转移、整合等提供组织支持平台，提升企业知识存量。三是通过建立企业内部“成长联动”的职业指导体系，为员工成长过程提供专业指导，帮助员工及时纠正行为偏差，与目标匹配。

（3）研究企业如何帮助员工明确个人实际与目标标准的差距，确定从哪些方面补足方能实现发展。通过设计员工成长状态监测反馈环节，在员工成长过程中，动态采集员工成长状态信息，应用语言信息集成算子集成定性评价与定量评价数据，形成成长积分，定量反馈给员工，通过个人成长水平的定量分析和发展群体成长状态分析，为后续员工成长计划的优化、发展路径的调整等提供数据支持。

（4）研究企业如何为员工成长发展过程提供良好的优化、调整、发展决策支持，帮助员工可持续发展。一是通过构建“组织—员工”匹配度预测模型，集成员工多维度的成长信息，定量预测员工与发展目标岗位的匹配程度，为员工发展决策提供数据支持。二是通过构建“职业定制”模式的发展进程调节平台，帮助员工根据发展阶段需求，从发展步伐、工作负荷、工作条件等维度调节发展进程，给予员工发展的自由空间，加强企业和员工之间的忠诚互动。

（5）研究企业如何为员工职业发展管理过程提供公平的发展平台和良好的成长氛围，持续激发员工成长动力。通过为员工职业发展过程提供所需的人财物等资源支持、良好的发展晋升平台、动态的任期管理机制、向上的企业文化氛围等，为员工的成长发展提供全面保障。

1.3.2 本书的研究框架

本书解决的核心问题是，从企业组织角度看，如何帮助员工根据自身特点和发展意愿，制定合适的职业发展目标；为员工提供良好的学习成长平台，帮助员工高效学习成长；在成长过程中，动态监测反馈员工成长状态，帮助员工明确个人现状与目标之间的差距，来指导员工优化调节个人成长计划和成长路径，实现组织与员工的共同成长和发展。本书的研究思路是将理论与实践相结合，引入管理学、经济学、心理学等多种理论，探讨现代企业核心员工队伍特点、人力资源队伍发展趋势以及组织职业发展管理面临的挑战，提出自适应职业发展管理理念，构建企业核心员工自适应职业发展系统的整体设计框架，本书研究整体框架如图1-5所示。

1.3.3 本书的主要创新点

本书从企业员工职业发展管理的核心需求和管理难点出发，深入分析现代企

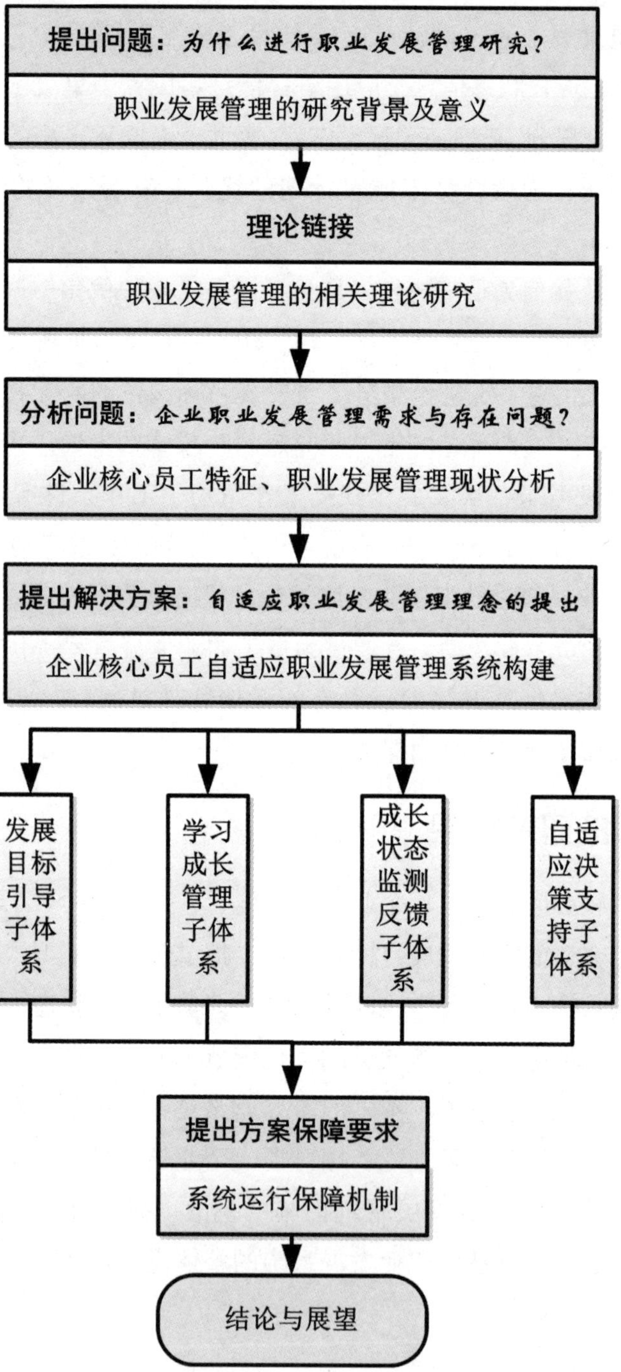
提出问题：为什么进行职业发展管理研究？
职业发展管理的研究背景及意义
理论链接
职业发展管理的相关理论研究
分析问题：企业职业发展管理需求与存在问题？
企业核心员工特征、职业发展管理现状分析
提出解决方案：自适应职业发展管理理念的提出
企业核心员工自适应职业发展管理系统构建
发展目标引导子体系
学习成长管理子体系
成长状态监测反馈子体系
自适应决策支持子体系
提出方案保障要求
系统运行保障机制
结论与展望

图 1-5　研究整体框架

业员工队伍特征和职业发展需求，借鉴已有的理论研究和企业管理案例，构建了企业核心员工职业发展管理系统框架，并对系统中的目标引导子体系、学习成长培养子体系、成长状态监测反馈子体系及调节决策子体系进行深入分析与研究构建，为企业吸引、培养、留住人才提供系统支撑，为员工学习、成长、发展提供良好的平台。本书的主要创新点如下。

（1）运用自适应控制理论，以企业核心员工为主要研究对象，根据现代企业核心员工队伍特征及职业发展需求，提出自适应职业发展管理理念，从组织的角度出发，为员工搭建集职业引导、培养、监测、反馈、优化调节、决策支持为一体的职业发展管理平台，支撑员工职业发展管理，促进员工个人发展目标与组织发展需求匹配、个人实际状态与个人理想目标匹配。

（2）运用劳动形态理论及职业发展模型，分析构建职业发展倒圆锥三维模型，指导员工职业发展目标引导网络的设计，并从帮助员工自我实现的角度，提出职业发展不局限于获得职业晋升纵向发展。更关键的是，员工是不是有机会充分发挥他们的技能以及在工作中解决问题的能力、丰富他们的工作内容、授权他们自己进行工作的计划和监督、帮助他们进行继续学习和不断成长。因此，本书研究不是以传统的发展目标制定选择为起点，而是要首先从“做什么”“做到什么程度”“怎么做”的角度，为员工建立“履责基础目标引导体系”，帮助员工进行自我管理式的履责能力提升，发挥员工潜能。即良好的职业发展不局限于未来规划，而是从职业的今天开始，更好地帮助员工认识自我、提升自我。

（3）基于员工成长积分标准体系的设计，通过员工成长状态监测子体系，在员工成长发展过程中动态监测员工成长状态，以量化成长积分的形式反馈员工实际成长水平，与目标标准比较获取成长误差，定量分析员工成长水平、成长速度等，为后续员工成长计划优化等提供数据支持，定量分析目标岗位发展群体的成长状态，为企业人才队伍建设和职业发展管理系统优化提供数据支持。

（4）根据员工成长状态的评估数据和目标岗位标准要求，运用决策集结模型，构建组织—员工发展匹配预测模型，充分整合反映员工成长状态的定量监测数据和决策者偏好信息，形成发展匹配优先序列，预测员工对目标岗位的胜任能力，为员工下一步的成长路径优化以及企业公平客观的选拔晋升提供数据支持。

第 2 章　核心员工自适应职业发展管理系统

2.1　核心员工的界定

2.1.1　核心员工的概念综述与解析

核心员工是企业发展所需的重要支撑资源，因为其在企业发展变革过程中的关键作用，得到广泛的研究重视。在研究过程中，关于“核心员工”的界定存在争议，特别是在理论学术范围和企业范围存在争论较多，其中国外比较具有代表性的观点如表 2-1 所示，国内具有代表性的观点如表 2-2 所示。

表 2-1　国外核心员工定义比较研究

代表人/年份	核心员工的经典定义与理论	差异关键点
Atchison，T.（1991）	指在公司的主要和关键领域工作的人	工作领域
Lepak，D. R. 和 Snell，S. A.（1999）	指组织中人力资本具有高价值且独特的员工，这些员工拥有特定于企业的技能，这些技能在劳动力市场上难以获得，并且员工为企业带来的战略性利益远远超出雇用和开发管理成本	独特性
Dess，Gregury G. 和 Jason D. Shaw（2001）	指网络中处于中心节点位置的群体，在创造价值的过程中，其行为具有极大的倍增性和关联影响，它们所拥有的能力、知识、经验，都具有很高的价值性	价值性
Charles Handy（2002）	提出未来的组织模型是三叶草的组织模型，其中主要包括了核心工作者、契约工作者和伸缩性工作者。其中核心工作者是由企业关键的专业人员、技术人员和管理人员组成，他们对个人价值和企业管理具有不同的期望，且掌握着企业主要资源的来源与分配，是组织架构的核心缔造者	期望

续表

代表人/年份	核心员工的经典定义与理论	差异关键点
利·不拉纳姆（2004）	指企业最看重、最难以寻找的、不可缺少的、最难以替代的、保证公司经营策略成功的关键人物	稀缺性
美国联邦航空管理署	指占据组织核心位置的员工，在组织内无法立刻找到合格的替代者，他的职责无法转让给其他员工，他因突发事件而被另外赋予职责时，将严重影响和损害原部门功能和连续性	难替代性
美国国税局（IRS）	以员工的收入来界定，认为年薪超过 13 万美元的办公室官员、拥有企业股份超过 5% 的员工或拥有企业 1% 的股份，并且在一个财年的薪酬超过 15 万美元的员工都是核心员工	收入

表 2-2 国内核心员工定义对比

代表人/年份	核心员工的经典定义与理论	差异关键点
唐效良（2002）	指那些拥有专门技术、掌握核心业务、控制关键资源、对企业会产生深远影响的员工	影响力
颜爱民（2006）	是接受过较长时间的教育和培训，具有较高的专业技术水平，或具有本行业内丰富的从业经验及较高的经营管理才能的员工，一般包括中高层管理者、研发骨干等知识创新者等	知识创新
于德利（2007）	是在某一具体行业（企业）的特定发展时期，对企业的生产经营有着重大影响且短期内难以找到替代者的，在创造企业价值、提升企业核心能力的关键活动中作用显著，对该行业（企业）的可持续发展影响重大，具备较高的综合素质与专业技能的员工的集合	难替代性
徐晓飞（2009）	是不同发展阶段的组织中具有高价值和独特性、有较大贡献的员工集合。这些员工基本都接受过较长时间的教育和培训，具有较高的专业技术水平，或具有本行业内丰富的从业经验	贡献性

续表

代表人/年份	核心员工的经典定义与理论	差异关键点
卢菲菲（2011）	核心员工都具有较高的知识素养，对自我价值的实现要求很高，他们能够发挥主观能动性，发挥他们的创造力和聪明才智，喜欢富有挑战性的工作	主观能动性
邱春焱（2013）	是指那些担任公司关键岗位，有着某一领域的专业能力，或从事企业核心业务，掌握企业关键技术，或企业的高层管理决策者，具有人力资源高稀缺性和低替代性，对企业的经营发展起决定性作用的员工	决定性

2.1.2 本书核心员工的界定

笔者认为，实践中确切地给出核心员工的概念难度非常大，因为对不同的组织而言，核心员工的特点不同。鉴于核心员工对企业发展的重要意义，以及本书希望通过职业发展管理来吸引、培养和留住核心员工的研究目标，本书研究的核心员工包括正在核心岗位上工作且称职的员工，及未在核心岗位但有潜力胜任核心岗位工作的员工。在此，核心岗位指承载企业核心业务或业务流程关键环节工作的岗位，对企业运营效率提升和可持续发展具有深远影响的高价值岗位。据此根据核心岗位界定和员工胜任潜力预测筛选核心员工，作为本书研究对象。

（1）从核心岗位区分角度，界定核心员工

核心岗位的区分，可通过定性判断和定量分析两种方式：一是定性判断，即从企业战略发展需求和业务流程关键环节工作等角度分析确定核心岗位；二是定量分析，即通过岗位价值评估，将劳动分解为劳动的责任、劳动复杂性、劳动条件、劳动负荷度等因素，再对这些因素进行分析、比较。然后综合起来划分等级，确定劳动价值差异。根据价值差异，结合企业发展战略和运营特点，圈定核心岗位。

劳动价值评估需建立在严谨的工作分析基础上，需对工作内容、工作标准、涉及的工作流程以及工作所需的任职资格等梳理分析，以此作为价值评估的基础依据。评估标准符合企业劳动特点，在不同企业，其核心业务内容不同、所处的发展环境等不同，决定了其劳动价值影响子因素的差异，因此需设计符合本企业劳动特点的岗位价值评估模型（见图 2-1），据此开展岗位价值评估，形成岗位价值等级序列（见表 2-3）。

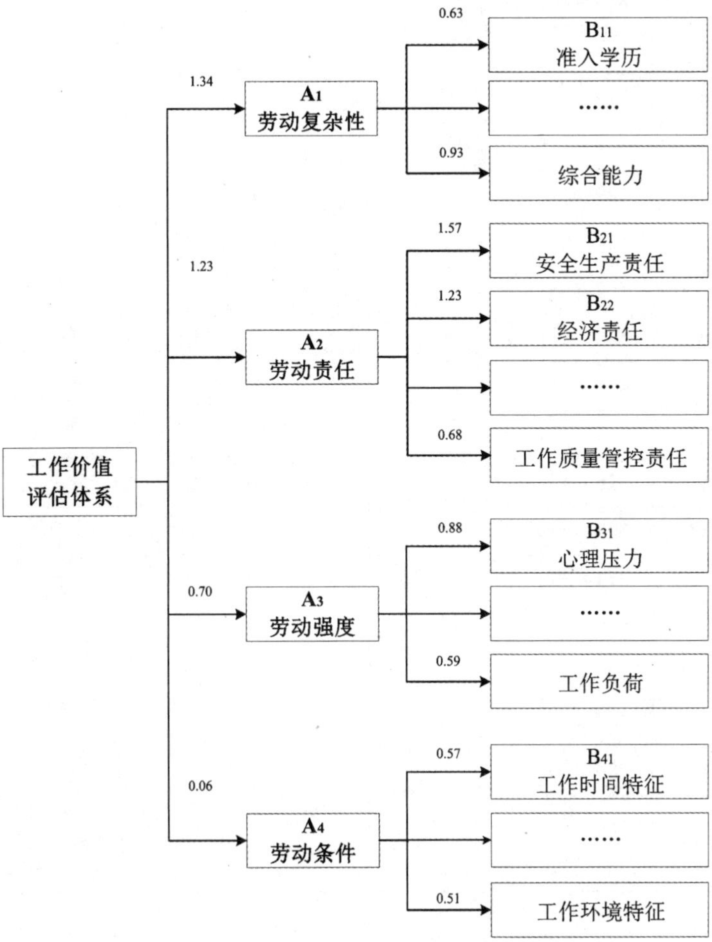

图 2-1　某电力公司岗位价值评价模型

（2）通过预测员工对核心岗位胜任潜力，界定核心员工

核心岗位胜任潜力预测，是对潜在的、未来可能能够胜任核心岗位工作的员工，根据核心岗位的任职资格条件或胜任特征（如知识、操作技能、工作经验等），分析设置胜任潜力预测模型，进行潜力预测，确定潜在的核心员工。

表 2-3 某电力公司岗位价值等级序列

<table>
<tr><th>等级</th><th>等级系数</th><th>分值范围</th><th colspan="8">不同层级岗位价值
等级跨度分布</th><th>极差</th></tr>
<tr><td>24</td><td>3.21</td><td>815~869</td><td rowspan="4">层级一</td><td>24</td><td colspan="2" rowspan="2"></td><td colspan="2" rowspan="5"></td><td colspan="2" rowspan="6"></td><td>54</td></tr>
<tr><td>23</td><td>3.01</td><td>764~814</td><td>23</td><td>50</td></tr>
<tr><td>22</td><td>2.82</td><td>716~763</td><td>22</td><td rowspan="6">层级二</td><td>22</td><td>47</td></tr>
<tr><td>21</td><td>2.64</td><td>671~715</td><td>21</td><td>21</td><td>44</td></tr>
<tr><td>20</td><td>2.48</td><td>629~670</td><td colspan="2" rowspan="15"></td><td>20</td><td>41</td></tr>
<tr><td>19</td><td>2.32</td><td>589~628</td><td>19</td><td rowspan="7">层级三</td><td>19</td><td>38</td></tr>
<tr><td>18</td><td>2.18</td><td>552~588</td><td>18</td><td>18</td><td rowspan="13">层级四</td><td>18</td><td>36</td></tr>
<tr><td>17</td><td>2.04</td><td>518~551</td><td>17</td><td>17</td><td>17</td><td>34</td></tr>
<tr><td>16</td><td>1.91</td><td>485~517</td><td colspan="2" rowspan="11"></td><td>16</td><td>16</td><td>31</td></tr>
<tr><td>15</td><td>1.79</td><td>455~484</td><td>15</td><td>15</td><td>29</td></tr>
<tr><td>14</td><td>1.68</td><td>426~454</td><td>14</td><td>14</td><td>28</td></tr>
<tr><td>13</td><td>1.57</td><td>399~425</td><td>13</td><td>13</td><td>26</td></tr>
<tr><td>12</td><td>1.48</td><td>374~398</td><td colspan="2" rowspan="7"></td><td>12</td><td>24</td></tr>
<tr><td>11</td><td>1.38</td><td>352~373</td><td>11</td><td>22</td></tr>
<tr><td>10</td><td>1.30</td><td>329~351</td><td>10</td><td>21</td></tr>
<tr><td>9</td><td>1.21</td><td>308~328</td><td>9</td><td>20</td></tr>
<tr><td>8</td><td>1.14</td><td>289~307</td><td>8</td><td>18</td></tr>
<tr><td>7</td><td>1.07</td><td>271~288</td><td>7</td><td>17</td></tr>
<tr><td>6</td><td>1.00</td><td>254~270</td><td>6</td><td>16</td></tr>
</table>

2.1.3 核心员工的特征分析

在企业的生产发展过程中，核心员工提供劳动，换取报酬，企业支付报酬，换取员工的劳动来实现企业增值。对于企业来说，核心员工与普通员工区别的本源，则来自其可提供的劳动的差异。传统方式下，企业根据需求按劳分配，以期补偿员工的劳动、激励员工并留住劳动价值大的员工。

首先，基于劳动形态理论，分析核心员工特征，如表 2-4 所示。

表 2-4　核心员工与普通员工特征比较研究

对比维度		核心员工	普通员工
劳动价值	可替代性	弱	强
	人工成本（招聘、适应、培训、薪酬等）	高	低
	培养周期	长	短
企业价值	产出/ 投入	高	低
	战略发展影响	大	小

（1）劳动的潜在形态，即所具备的劳动能力或工作能力。劳动能力不同的劳动者，在相同的时间内提供的劳动的质量和数量也不相同。核心员工的劳动能力所包含的较丰富的知识、操作技能、工作经验等，掌握关键、稀缺资源（技术、客户等），决定了核心员工培养周期长、培养成本高、稀缺特征强，从而流失可能性较大，成为企业抢夺的人才资源。

（2）劳动者的流动形态，即劳动者实际支出的劳动，是劳动者劳动能力的使用和消耗过程。从事各种劳动或工作所消耗的劳动的数量和劳动的复杂程度、熟练程度、繁重程度以及劳动者劳动积极性的发挥程度，都能够在实际劳动过程中比较充分地表现出来。核心员工一般在企业的关键岗位上，开展责任较大、较复杂的工作过程，决定了其人工成本高的特征。

（3）劳动者的凝结形态，即物化在产品中的劳动，也就是劳动成果。在劳动过程中，劳动不断由动的形式转为存在形式，由运动形式转为物质形式。劳动与劳动对象结合在一起，劳动物化了，而对象被加工了，在劳动者方面曾以动的形式所表现出的东西，现在在产品方面做出静的属性，以存在的形式表现出来。所以劳动成果在一定条件下或一定范围内，能够比较准确反映劳动者（符合社会需要、被社会承认的）实际提供的有效劳动数量和质量。核心员工一般绩效产出丰富，特别是具有创造性，且产出的不可替代性，决定其对企业利润和战略发展的重要性。

其次，从时代特征角度分析“新生代”核心员工特征。

数字时代背景下的“新生代”核心员工指 90 后、95 后的 Z 世代、千禧一代员工，且在企业中称职承担核心岗位工作或具有核心业务胜任潜力的员工群体。“新生代”员工成长环境具有其特殊性，这种特殊性决定其职业观呈现新特点：

职业理想表现出兴趣化、多元化；注重职业规划、流动性强；喜欢宽松、和谐的职业环境、愿意接受具有挑战性的工作、注重工作与生活平衡；认为工作是生存和价值实现的手段，渴望不断成长和被平等地对待等。

新生代员工队伍呈现出新的发展趋势，且影响到企业员工队伍的建设和管理，新生代核心员工队伍管理将面临以下挑战。

（1）技能技术型人才短缺。企业急需可站在生产一线的工程师、高级技工还有劳动者。在目前高考选报学校中，学生主流依然是优先选择进入学术型大学，职业院校招生处于劣势，导致技能人才紧缺；同时高校扩招、研究生扩招，使大量青年人才滞留在高校里，导致市场缺乏经验丰富的技术型人才。

（2）家庭结构变化。双收入家庭比例升高，独生子女成为员工队伍主体，同时基于“4-2-1”家庭结构下，赡养老人问题开始突出，未来将有越来越多的员工面临赡养老人的重任。

（3）女性员工比例增高。2021 年发布的《中国妇女发展纲要（2011—2020 年）》终期统计监测报告显示各类高等教育中女生占比均超过男生。2020 年高等教育在校生中女研究生人数为 159. 9 万人，占全部研究生的比重达到 50. 9%，比 2010 年提高 3. 1 个百分点（见图 2-2）；普通本专科、成人本专科在校生中女生分别为 1674. 2 万人和 450. 6 万人，占比分别为 51. 0% 和 58. 0%，分别比 2010 年提高 0. 1 个和 4. 9 个百分点。

2021 年《中国妇女发展纲要（2021—2030 年）》统计监测报告显示，2021 年，高等学校在校生中女生为 2780. 7 万人，比 2020 年增加 124. 4 万人；占在校生的 50. 2%。其中，女研究生为 171. 7 万人，占全部研究生的 51. 5%，提高 0. 6 个百分点；普通、职业本专科和成人本专科在校生中女生分别为 1756. 1 万人和 480. 5 万人，占比分别为 50. 2% 和 57. 7%。

随着女性受教育程度增高，高学历人群中女性比例增高，女性员工数量比例逐年增加，同时女性就业初始年龄升高，很多女性员工需面临组建家庭和生育问题，可能也正是职业阶梯晋升的关键时期，特别对于杰出女性，可能正是走向领导岗位的关键时刻。随近年国家生育政策的调整，家庭责任对女性员工的影响和压力增加，为此大量优秀的女性劳动者趋向于选择稳定单一的工作，放弃责任重大创新性等工作，无法发挥其巨大潜能。或是在其生育阶段选择离开原岗位，而跳槽或转移到常规工作，失去继续发展和潜力发挥的机会。目前在我国大部分企

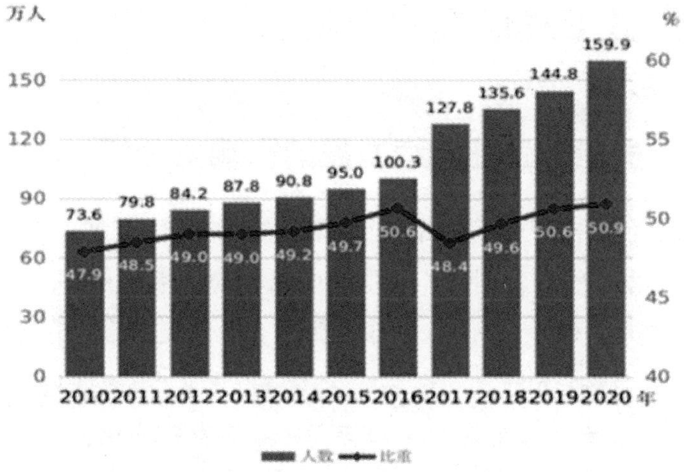

图 2-2　2007-2012 年高学历层次女性比例趋势图

业的招聘过程中，仍未能正视并及时采取措施合理管理女性员工的职业发展，发挥核心员工潜力，支撑企业的快速发展。

（4）男性职业预期改变。新一代男性职业观和人生观的变化，导致男性开始更加注重家庭和个人生活，对于工作的享受、自我实现、发展空间、生活责任履行、家庭等关注度在增高，与几十年前相比，男性用于照看子女的时间大幅度增加，而有的男性甚至会越来越重视保留和增加个人时间。而相应企业管理制度，特别是考勤制度依然僵化，将逐渐影响核心员工的职业忠诚度。

（5）“80 后”“90 后”“00 后”员工观念变化。新生代员工将工作的挑战性和趣味性置于工资回报之上。随着国有企业改革、合同制等，“铁饭碗”（终身雇佣制）的执念已经开始弱化，新生代员工希望拥有个性化的发展路径，渴望兴趣爱好得到满足，人生目标得到实现，还有丰富多彩的工作经历。这一代并非缺乏忠诚，而是认为“忠诚”是一个自己愿意奉献和发展，并由此获得这样机会的互动过程。

（6）技术革命。基于科技支撑，雇佣范围、工作地点、沟通方式已不再受距离限制，且技术使时间已不再是评估核心雇员的主体标准，业绩和对企业的贡献才是，特别是对于以创新为核心战略的公司，从而加速了全球化人才流动和人才竞争。

2.2 核心员工发展需求分析

2.2.1 核心员工对企业持续发展的影响力分析

一般来说，企业核心员工会占到企业总人数的20%～30%，他们集中了企业80%～90%的技术和管理，创造了企业80%以上的财富和利润，是企业的核心和代表，是企业的灵魂和骨干。核心员工流失对企业发展的影响分析如下。

（1）流失一名核心员工，一般后续至少需投入2个月时间、4个月薪酬找到合适人选，且要3～6个月的新员工适应期，方能发挥作用，其间产生招聘费用（招聘准备、过程、面试、录用手续等）、招聘时间、社会保险及替补管理等成本，及新员工所需接受的岗前培训以及其上级所付出的培训管理时间和费用。根据Fortune杂志报道，一个员工离职之后，企业从找新人到顺利上岗，光是替换成本就高达离职员工薪水的15倍，如果离开的是经理人，代价就更高。

（2）若该核心员工离职前的工作任务已进展到一定阶段，其离职将使该工作前功尽弃，即便有合适的人替换，新员工的效率在短期内也无法达到组织目标，将造成严重效率损失。同时新员工对环境不熟悉可能会带来安全事件、生产报废品损失、产品水准的下降等。因为劳动力短缺，而造成产品无法如期完成，或需加班而产生加班费用。

（3）核心员工流失所带来的基于其知识、技能等的创造力流失、核心技术的泄密、客户资源的流失、经营管理思想的再利用等，若是流入竞争对手，则后果更加严重，甚至威胁到组织生存。

（4）核心员工的流失及其对企业的评价，以及其他人对企业的猜忌与传言，都可能破坏企业声誉和形象，而影响后续的人才引进。

（5）核心员工一般具有较强的工作能力和较高威望，在企业员工队伍中具有较大影响力，其流失会影响员工队伍情绪，挫伤团队士气，导致工作效率下降，继而影响产量和品质，若引起整体跳槽，将对企业造成致命打击。

企业核心员工流失成本，体现其对企业可持续发展的重要影响，企业吸引、培养、留住核心员工，意味着节省成本并创造价值。马晓平（2008）研究证明，非常有价值且非常独特的核心员工，同高新技术企业的竞争力正相关；拥有非常有价值且非常独特的核心员工的企业相对于拥有低独特性的企业而言有更高效率。

2.2.2　核心员工自我发展需求分析

从员工流动动力机制方面，徐茜（2019）研究指出，组织满足员工需要、愿望、偏好以及与组织与员工个体特征相容的程度越高，流动倾向就越低，并且主要是职业发展空间、工作自主性、领导适应度、工作条件等组织匹配维度对流动倾向产生显著影响。玛汉·坦姆仆在研究中从精神激励和物质激励两个方面调查研究发现，其中个体成长 33.74%，工作自主 30.51%，业务成就 28.69%，金钱财富 7.07%。显示更重视的是个体成长和工作自主，知识型员工要求给予自主权，使他们以自己认为最有效的方式进行工作，相比对金钱的边际需求则比较低。张望军、彭剑锋（2001）研究发现，员工除物质激励以外，个人成长与发展占到 23.91%。徐鹿（2013）研究发现，无论是在创新型企业的初创阶段、成长阶段、成熟阶段、衰退阶段，职位晋升、能力发挥空间、工作自主程度都排在前六位，特别是在成长和成熟阶段，能力发挥空间和工作自主程度排在前列，充分说明中国创新型企业高速发展阶段，除薪酬福利等物质激励以外，更看好在企业的能力发挥空间，是否能够根据能力成长在匹配的岗位得到发挥，即员工的成长与发展的匹配性很重要；其次是工作自主程度，即核心员工更趋向于自我管理而非按部就班的执行，在自由工作空间中更能吸引员工并激励员工发挥自身潜力。

2.2.3　核心员工职业发展管理现存问题与挑战

我国对于组织职业发展管理研究，主要还是在评述、比较和影响因素分析比对的方面，更多的是在国外职业发展理论基础上去研究和对比分析，通过调查问卷的形式，了解中国职业生涯管理现状以及寻找职业发展的主要影响因素等。随着以人才为基础的科技创新竞争日益激烈，企业逐渐开始寻求通过员工的职业生涯管理，来吸引人才、培养人才和留住人才。在不断学习和应用国外职业发展管理理论和方法的基础上，也在企业实践过程中不断地探索改进，但由于缺少理论支持，特别是在中国文化背景下的职业发展管理理论的支持，因此管理依然存在很多问题，管理效果有待提升。企业员工职业发展管理现存主要问题可归纳为以下五个方面。

（1）组织职业发展管理与个人职业发展管理概念的混淆。企业为员工开启职业发展管理，主要内容局限于借鉴国外评估量表、开展职业方面的自我分析和评估、制定近期目标和远期目标等。企业需从组织的角度给予平台支持，帮助员工了解在企业中“我可以发展到哪里？需要为此作出什么努力”，需及时告知企业的战略人才需求等为员工提供职业选择参考和引导。

（2）职业发展管理指导机制待完善。当员工制定发展目标以后，缺乏过程跟踪和动态管理，根据企业外部发展环境、战略目标以及内部人才存量等变化，及时更新人才需求和具体的标准要求，以引导员工发展与企业需求相匹配。

（3）学习成长过程控制缺失。在职业发展管理的过程中，企业重视发动员工充满梦想，制定个人职业发展目标，却忽略了目标的实施过程，未能提供有效的过程管控，帮助员工根据目标制订具体的学习成长计划，并在员工的学习过程中，给予持续的关注和指导，帮助员工成长与发展。

（4）缺乏配套的激励措施和保障措施。企业内部缺乏与员工职业发展路径对应的激励措施，缺乏保障员工公平发展、成长后续动态管理和晋升后的任期管理等系列措施，来保障职业发展管理体系稳定运行，激发员工可持续发展动力。

（5）职业发展管理系统性缺失。很多企业，乃至员工，认为职业发展管理是万能的，认为只要做好职业生涯规划，就可以帮助企业吸引人才和留住人才。然而员工的职业发展管理是一个系统过程，其需要与人力资源管理体系的各个职能模块联动运行，需要以合理的人力资源规划为基础依据、以良好的员工培训为学习平台、以公平的绩效薪酬为激励因素等，联动运行，方能实现预期的效能。

在企业职业发展管理探索的过程中，企业的人力资源管理和人力资源队伍的特点也在不断地发生变化，为职业发展管理提出了新的挑战。回顾企业管理的历史，可以发现人力资源管理理论的形成与发展经历了原始管理理论阶段、近代行为科学管理理论阶段、现代科学管理理论阶段和以人的发展为核心的职业生涯管理阶段。职业生涯管理已成为当前人力资源管理发展的方向和必然趋势，并在企业人力资源管理中占据越来越重要的地位。近年来，职业发展管理受到经济、信息等多方面的影响，将面临新的挑战。

（1）人才流动全球化，经济全球化使生产要素在不同国家和地区的流动加快，范围变广。随着人才流动和竞争的逐渐全球化，员工可选择多种职业、流动频繁，且更多的是双向选择，使职业发展管理的灵活性亟待加强。

（2）职业价值观的变化。成长起来的“80 后”“90 后”成为企业员工队伍主体，其相对于父辈，更注重工作的自主性、工作兴趣，相比物质满足，则更追求工作享受和个人价值实现，使职业发展的激励机制亟待优化，从物质和精神上“双管齐下”，方能激发员工工作、学习、成长动力。

（3）女性员工比例增加，随之带来工作和家庭的矛盾也在凸显。特别是一些核心的女性员工，可能为了照顾家庭而选择一份稳定的但不能发挥自身潜能的职业，为此职业发展管理需考虑工作—家庭平衡，给予员工不同阶段的发展进程动态调节的机会，以留住核心的员工、发挥员工的潜力。

（4）在信息全球化的时代，数据分析和信息系统成为企业提高管理效能的重要辅助工具。企业需有效借助信息系统提高职业发展的管理效能，及时发布企业人才需求信息，过程累计员工成长发展的基础数据，开展数据分析，为发展决策提供数据支持，辅助员工职业发展的自我管理。

（5）人力资源管理人本化趋势。要求在职业发展管理过程中，重视员工个人发展意愿，充分给予员工自我管理的权利，弱化管理者与被管理者之间的对立矛盾，恰当地给予过程协助，为员工提供良好的职业发展的自我管理平台，激发员工内驱动力，才是企业人才培养、知识创新的源泉。

（6）管理系统性。随着员工学习、成长和发展的管控，无论是绩效管理、薪酬激励的合理性，还是岗位晋升的公平性等各个管理阶段，都可能会影响职业发展进程和员工成长发展的积极性。因此，良好的职业发展管理是需要系统地从员工上岗前、岗位工作中、学习中、晋升、任期管理的各个阶段管理机制的联动运行，方能确保职业发展管理效果。

2.3　自适应职业发展管理系统构建

2.3.1　自适应职业发展管理理念

从“适应”理论来说，个人与环境协调、稳定的状态即可称为“适应”，而这里的适应一般分为两个方面，即内部适应和外部适应。从员工职业发展过程来说，其适应则是指，对外员工个体与组织需求的适应平衡过程，对内员工个人实际状态与个人理想状态间的适应过程，而这两个方面是互相影响与渗透的。而“自适应”机制则是源于过程中的从不适应想要协调解决以适应的需求，使个人与环境的适应平衡、个人实际与理想平衡的方法策略等。良好的自适应机制可以促使过程快速调整、尽快接近平衡状态，提升员工职业发展管理的高效性。

企业职业发展管理，首先需分析影响员工职业发展过程的主要影响因素和影响关系，对应采取有效控制或调节措施，来促进员工个人发展与企业发展需求的匹配，促进个人与发展环境的平衡适应。这里我们从资源稀缺性、能力水平层次不齐、信息需求等角度，应用系统动力学软件，分析企业核心员工职业发展过程中的影响因素和影响关系，如图 2-3 和图 2-4 所示，以此为基础分析核心员工职业发展管理的自适应需求，主要可归纳为以下四个方面。

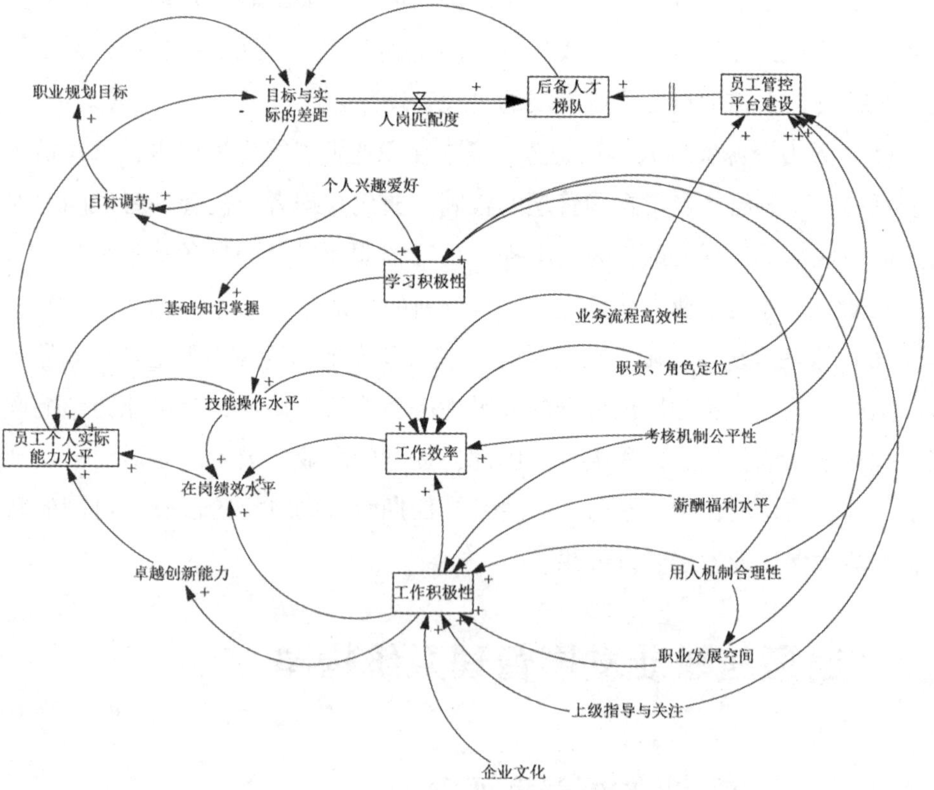

图 2-3　员工职业发展系统动力（从员工成长发展角度）

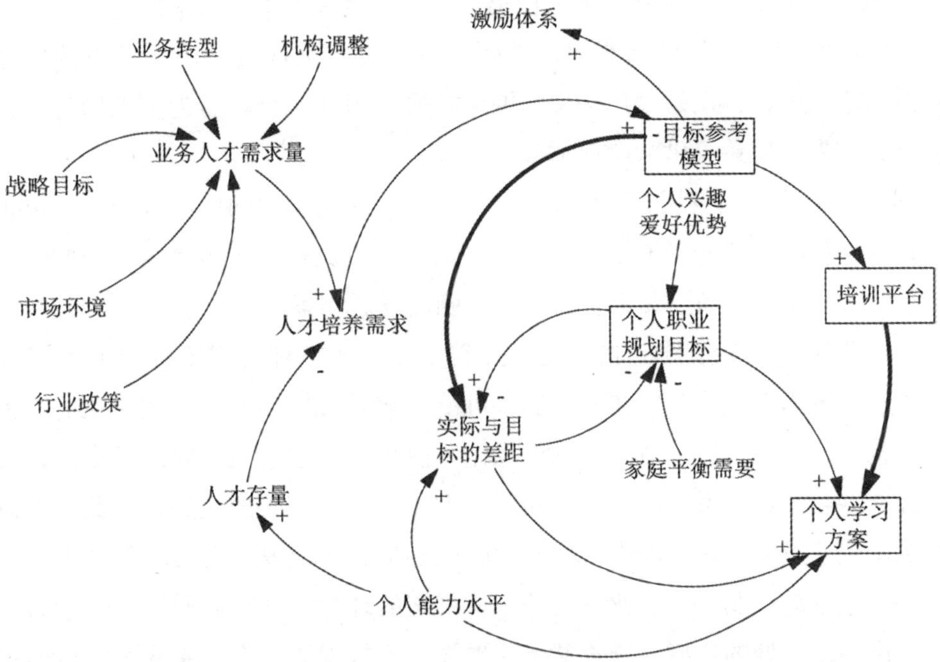

图 2-4 员工职业发展系统动力（从组织需求角度）

（1）个人发展目标与组织目标需求的适应。员工个人发展目标将影响员工后续的学习成长行为，为此员工需充分了解个人特性和发展环境特性，选择最优目标和路径。基于员工可能产生的自我认知偏差，企业需为员工提供自我评估辅助平台，如上级协助分析、职业导师协助分析、同事协助分析、职业性向测试系统的协助分析等，帮助员工客观准确了解个体发展优势，找到合适的发展目标。在企业发展环境中，不同的发展路径会带来不同的标准要求和竞争，且因员工任职岗位不同，其所处的工作环境不同，其对发展信息的知晓和理解程度的不同，将会影响员工发展目标制定的准确性。因此，企业需提供目标引导和分析平台，帮助员工选择最优发展目标，促进个人发展目标与企业发展需求的匹配。

（2）学习成长计划与职业发展目标的适应。为实现职业目标，员工需据此制订详细的实施计划，有效利用各类发展、成长资源来学习成长。同样基于员工个体差异，对同一项标准要求，有的员工通过自学即可，有的则需要导师指导，有的需要参加培训课程等。因此，企业需为员工提供学习资源保障和学习平台，员工定制个性化的学习成长计划，高效学习成长，早日满足发展目标要求。

（3）成长状态与目标状态的适应需求。在发展过程中，员工需了解个人成长状态，明确实际水平与目标要求的差距，从而做出准确的判断，是申请发展晋升、继续学习强化，还是优化调整发展路径等。因此，企业需为员工的目标优化控制过程和发展决策提供状态评估反馈。

（4）发展决策与发展目标匹配的适应需求。在周期性的学习成长后，员工需根据现状选择参与晋升、继续学习等，以确保学习成长发展可持续。因此，企业需为员工提供决策支持，帮助员工作出正确的发展决策。

综上所述，在企业员工职业发展过程中，存在各种各样不确定的因素和干扰，来自系统内部或外部，在面对这些可能影响系统输出的、客观存在的、不确定的干扰时，系统需通过适当的调整优化，使整个管理系统达到最优或接近最后的指标，这就是管理系统中自适应性研究重点所亟须解决的问题。因此，本研究将立足于快速发展过程中的中大型企业的核心员工职业发展管理，秉承人力资源管理是一个系统，及员工职业发展是一个系统的理念，基于职业发展管理系统相较于生产系统所处的环境、资源复杂性更强，干扰因素更多，系统稳定性要求更高的特征，应用自适应控制原理，探索研究职业发展系统的自适应性调节机制，研究构建企业核心员工自适应职业发展管理系统，过程动态监测员工学习成长质量状态信息，通过实际质量状态值与目标值的比较误差，反馈调节参数，循环监测，调节优化，使员工发展质量结果不断的逼近培养目标值，促使系统运行稳定，促进员工成长质量与企业发展人才需求标准相匹配，为员工职业发展和企业人才队伍建设提供支撑。

2.3.2 管理系统构建

综合职业发展管理对企业和员工个人发展的重要意义，基于现代企业员工队伍特点和职业发展管理面临的挑战，分析企业核心员工职业发展过程中的自适应需求，本书应用自适应控制原理，设计企业核心员工自适应职业发展管理系统，系统设计原理如图 2-5 所示，系统研究致力于为员工职业发展提供目标参考、学习成长平台、过程成长状态监测反馈以及相应的自适应调节机制，通过目标—成长—监测—反馈—调节优化的循环控制过程，帮助员工不断地提升个人能力水平，解决目标岗位标准要求，实现个人价值，并支持企业业务发展。

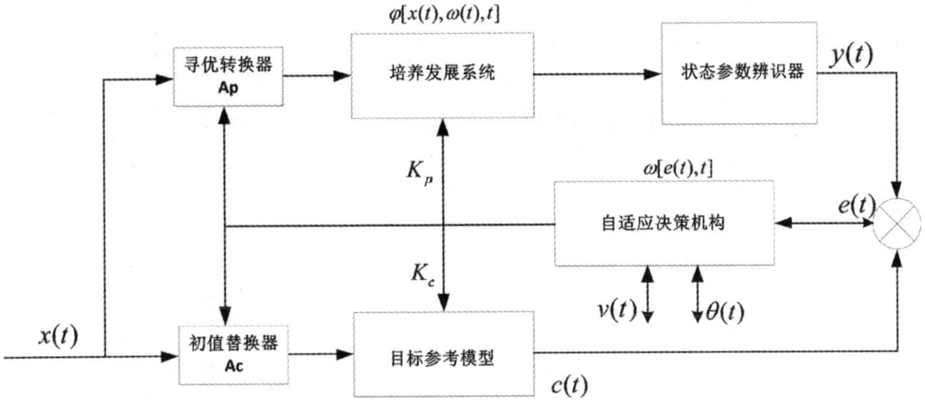

图 2-5　企业核心员工自适应职业发展管理系统模型

2.3.3　核心子体系

本书从企业核心员工职业发展过程中的目标制定、学习成长、评估反馈、发展决策等关键环节开展分析，构建自适应职业发展管理系统，并根据系统运行与保障需求，深入分析构建核心子体系，如图 2-6 所示，企业核心员工自适应职业发展管理系统主要包含以下四个核心子体系。

（1）职业发展目标引导子体系（目标参考模型）

目标参考模型，即培养发展具体质量标准。职业发展管理系统的服务对象主体是企业核心员工，目的是实现员工成长发展与企业发展匹配，获取双赢。因此，本书将在企业战略业务的人才需求和人才存量的分析基础上，根据核心岗位群的“岗位职责体系”“岗位任职资格体系”，设计“工作—标准—流程”的岗位履责基础目标引导体系，引导员工以自我管理为主、目标引导辅助的方式提升履责能力，为未来职业发展奠定基础。分析企业发展对人才的数量和质量的需求目标及相关影响因素，设计“目标—标准—激励”的员工成长发展目标引导网络，帮助员工了解在企业中的发展空间、发展标准以及发展后可获取的增值，为发挥员工主动性、选择合适的目标奠定基础。为员工职业发展的目标管理提供引导和参考，并作为后续学习培训需求分析和员工成长状态分析的基础参考模型。

（2）学习成长管理子体系（培养控制系统）

学习成长管理体系，即为员工提供学习成长平台的子体系。员工在职业发展管理过程中，自我分析与评估，制定职业发展目标，并为之努力学习、不断提升

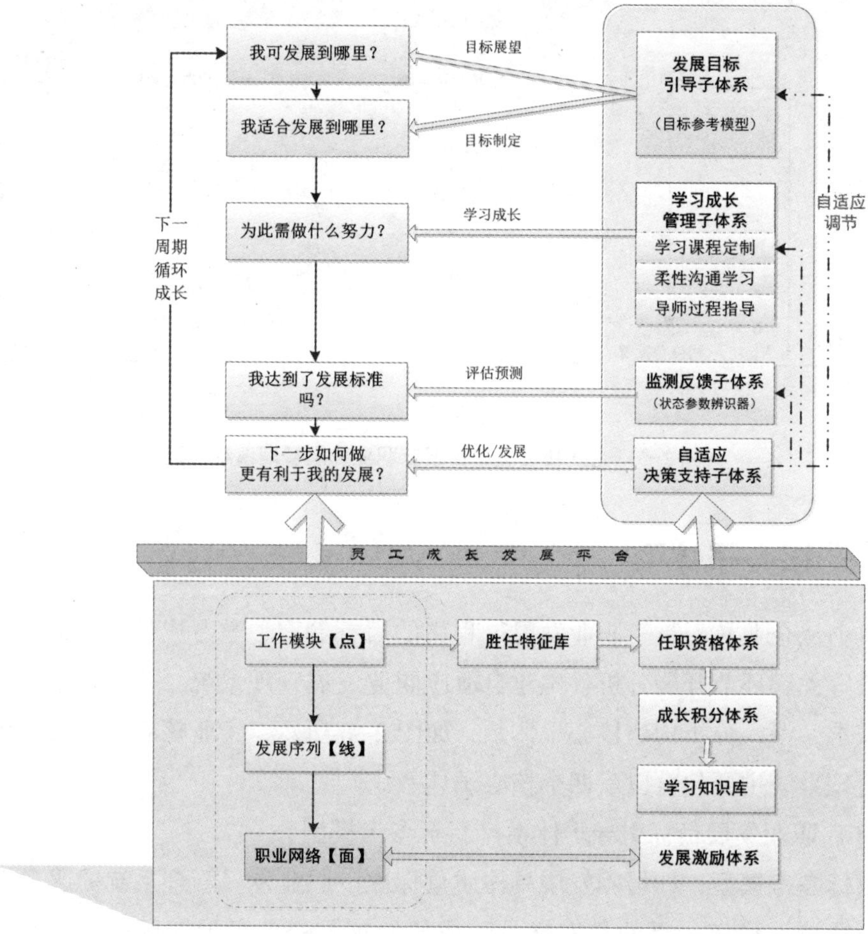

图 2-6　企业核心员工自适应职业发展管理系统构建思路分析

个人能力水平，使之满足目标岗位要求，实现发展。员工学习成长途径有很多种，那么对于企业核心员工，什么样的学习途径最有效，对应企业需提供什么样的组织平台，有效支持员工高效学习成长，满足企业发展过程中的人才需求。本书根据核心员工学习成长特点及学习路径分析，构建学习成长管理体系，从基于成长标准的学习内容对接、工作过程知识分享平台建设、成长过程指导辅助这三个维度，构建学习成长管理体系，为员工提供个性化的学习课程定制、学习改进、成长指导等，帮助员工不断地提升，实现个人职业目标。

（3）成长状态监测反馈子体系（状态参数辨识器）

员工在成长过程中，随着个人能力的提升，需根据目标要求优化学习方案、调整发展路径。本书根据目标岗位标准要求，形成可操作、可量化的“成长积分项目”，明确每一项所对应的培养途径、考核方式、考核标准和积分说明，设计成长状态监测反馈体系，过程评估，以“成长积分”形式定量反馈员工成长状态和成长误差，为员工个人成长方案的优化、学习知识库优化和发展决策等提供数据支持，为个性化培养、按需选项、按质辅导奠定基础，降低培养成本，提高培养效率。

（4）职业发展决策支持子体系（自适应决策机构）

职业发展的目标是通过学习成长提升员工发展能力、体现员工个人价值、支持企业业务发展。在员工发展过程中，随着企业发展环境的变化，企业对人才的需求会发生变化；随着员工队伍的成长，人才存量会发生变化；随着个人学习成长，培训课程需求会发生变化。本书构建自适应机构，应用发展匹配度预测模型，预测员工对目标岗位的胜任潜力，判断员工是否满足发展晋升条件、是否满足后备人才库入库条件、是否需要调整个人发展路径等，为员工提供合理的学习成长和发展建议，帮助员工优化目标、强化学习、持续高效发展，适应企业发展需求，进入职业发展的良性循环。

2.4　本章小结

本章主要从职业发展角度对核心员工范围进行了界定，并阐述企业核心员工自适应职业发展系统框架的构建思路，是后续章节展开研究的基础。首先，根据核心员工的概念相关经典研究及本书研究目标，对本书中核心员工范围进行界定，并分析核心员工队伍特征。其次，阐述核心员工对企业可持续发展的影响、员工自我发展需求，并分析企业职业发展管理现存问题和所需面对的管理挑战。再次，针对核心员工职业发展需求，提出自适应职业发展管理理念。最后，详细阐述了自适应职业发展管理系统构建框架及核心子体系的设计框架，在此基础上绘制了自适应职业发展管理路线图，为后续各子模块研究和子体系联动运行提供指导。

第3章　职业发展目标引导子体系

企业发展需匹配的核心员工队伍作为支撑，员工发展需与组织匹配的能力水平。员工需通过职业发展管理的过程，不断地学习成长，实现自己的发展目标。职业发展目标的制定是职业发展管理的核心内容之一。是否能够确定合理的发展目标，将直接影响后续发展行为及成长效率。而职业目标是否与企业人才需求目标相匹配，将影响到未来员工的发展和企业的发展。因此，职业目标的制定对整个职业发展过程和企业的发展至关重要。

企业对人才的需求会随着企业的战略规划、发展环境、核心业务等因素的变化而变化，为实现核心员工队伍与企业发展的动态匹配，企业需根据业务人才需求、人才存量变化动态引导员工成长发展方向，引导员工向着与组织发展相匹配的方向发展，最终实现组织—员工匹配。为此，本书提出应分析构建履责基础目标引导体系，引导员工履责能力提升与企业业务运行匹配；应分析构建成长发展目标引导体系，引导员工学习成长发展与企业未来业务发展过程中的人才需求匹配；应帮助员工清晰定位个人发展优势，选择合适的目标，引导未来的学习成长和发展，从而支撑企业与员工共成长、同发展。

3.1　自适应职业目标引导体系构建

"目标"指想要达到的境界或目的。"引导"指通过用某种手段或方法去带动某事物的发展，也指带着人向某个目标行动，在行动上的帮人引出困境。职业发展目标，既是个人职业理想的具体化，也是个人在期望的职业领域内所要达到的具体成就；既可能是在岗位工作中个人技能的充分发挥，也可能是未来晋升到某高端岗位等。职业发展目标的制定和引导是组织职业发展管理的核心内容之一。

3.1.1　目标引导方法比较研究

现代管理学之父德鲁克先生的被誉为"管理学圣经"的《管理：任务、责任、实践》中提到“目标管理最大的优点也许是它使得一位管理人员能控制自己的成就”。自我控制意味着拥有较强的激励，控制意味着指挥自己和自己的工作能力，而目标也正是自我控制的基础，使我们能够用自我控制的管理来代替由别人统治的管理，化解管理者与被管理者之间的矛盾。古人云“凡事预则立，不预则废”，其中的“预”就是以未来最优为目的，以需求与变化为依据，使现实行动具有目的性。哈佛大学著名的关于“目标对人生影响”的跟踪调查，跟踪对象在25年后发生的变化以及产生的巨大差异，验证了有无明确的发展目标，在其中发挥了重要作用。

职业发展目标引导，可帮助企业有效传达发展过程中人才结构需求及人才支撑期望；参与发展目标的制定，可为员工后续职业行为指明方向，使其了解现在及以后职业行为可能产生的效果，引导员工对个人目标负责；参照职业发展目标，有助于员工区分岗位履责与学习成长过程中的重点或难点，便于合理规划个人时间来学习成长；对比职业发展目标，可准确评估成长发展行为的效率或者偏差，及早调整职业行为计划，实现行为预前管理；拥有职业发展目标，可给予员工持续学习工作热情和努力提升发展的动力。因此，有效的职业发展目标引导，是企业核心员工自适应职业发展管理的基础。

在组织职业生涯研究中，多以“组织职业生涯发展阶梯”的方式引导员工制定个人职业发展目标，其理论依据是美国麻省理工大学斯隆管理学院的施恩教授提出的“职业锚理论”。在职业发展通道理论中，比较有名的是传统的科层级职业发展通道、双重职业发展通道（Dual Ladder System），Bailyn（1991）在以上基础上提出混合职业（Hybrid Career）。后来在以上理论基础上，Allen 和 Katz（1992，1995）针对技术人员的发展，提出管理、技术专家、横向技术和项目导向的四通道，具体内容如表3-1所示。著名的双阶梯和多阶梯模式也被很多企业应用，如微软的技术和管理双阶梯模式，阿尔卡特的行政管理和专业技术双阶梯模式，波音公司为科研人员提供的技术专家和技术管理的双阶梯模式，西部电子公司为专业技术人员设计的技术、技术带头人、技术管理多阶梯模式，ESCA公司（攀登者公司）设计的技术人员、技术专家、行政管理和经理阶梯模式，新华人寿保险公司设计的管理、专业、事务、销售的“四条跑道”模式等。

表 3-1　职业发展四通道特征

通道类型	引导目标方向	特点
Managerial Route	引导技术员工向管理岗位发展	强调职位上纵向晋升
Vertical Technical Route	引导不喜欢管理或不具备管理才能的员工，在专业领域内向上发展	强调本领域内技术能力的提升
Horizontal Technical Career Route	引导员工向新的技术领域发展	强调进入新的技术领域挑战，焕发员工活力
Project-oriented Career Route	引导员工寻求不同层次的项目挑战目标	强调获得挑战性的工作机会

根据多篇研究文献、著作的阅读研究、对比分析发现，在中国企业文化背景下，组织职业发展阶梯的设计和引导存在以下主要问题。

（1）引导多以纵向晋升为主，忽略横向复合型发展引导。职业阶梯多以晋升层次显示，具有中国行政晋升背景特色，目标引导角度单一。而忽略了员工职业发展不仅包括纵向晋升，还包括在现有职位能力的发挥、工作方法的提升、绩效水平提升，以及胜任专业类别幅度的扩展，如薪酬管理岗、绩效管理岗和培训管理岗位工作之间的横向发展路径，引导员工一专多能，将有利于企业复合型人才的培养。

（2）引导目标内容不全面，激励与可视化效果不佳。职业阶梯未能全面告知员工“我需要具备什么条件才能发展到这里？发展到这里需承担工作的区别是什么，是我喜欢和擅长的吗？发展后我可以得到想要的物质或增值激励吗”等系列发展目标相关问题，缺乏全方位目标指导和预前控制，以帮助员工充分了解并合理选择目标。

（3）发展信息不对称，重点不突出。组织职业阶梯的设计，未能动态体现企业核心人才需求及发展阶段性人才匹配重点，缺乏过程优化调整适应，而无法确保员工成长发展方向始终与企业发展需求相匹配。

（4）重未来，轻现在。提到职业发展规划，企业或是员工都急于畅想未来我可以获得什么更高层级的职位薪酬或权利等，同时部分员工将个人发展速度的缓慢归咎于个人特性与现任岗位的不匹配而不能实现个人价值，缺乏理性的分析，并判断在现有职位的基础上是否还有可提升的空间，来提升岗位履责能力，在工作过程中储存知识和改进方法，为未来发展奠定基础。忽略今天的管理，盲目规划未来。忽略了从今天做起，沉迷于畅想美好的未来。

综上所述，职业发展目标引导具有重要意义，企业目前的引导还面临很多的挑战和需要改进之处，我们将构建职业发展目标引导体系，以期给企业员工的职业发展提供有效的引导。

3.1.2　职业发展三维倒圆锥模型

职业发展目标管理的前提假设是，员工愿意承担责任，愿意做出贡献，愿意有所成就。一般来讲，核心员工更希望担责，并有所成就。从企业发展的人才需求和员工个人发展需求角度分析，根据现代企业核心员工职业发展需求，基于劳动形态理论，分析体力劳动和脑力劳动差异，本书提出职业发展倒圆锥模型（见图 3-1）。

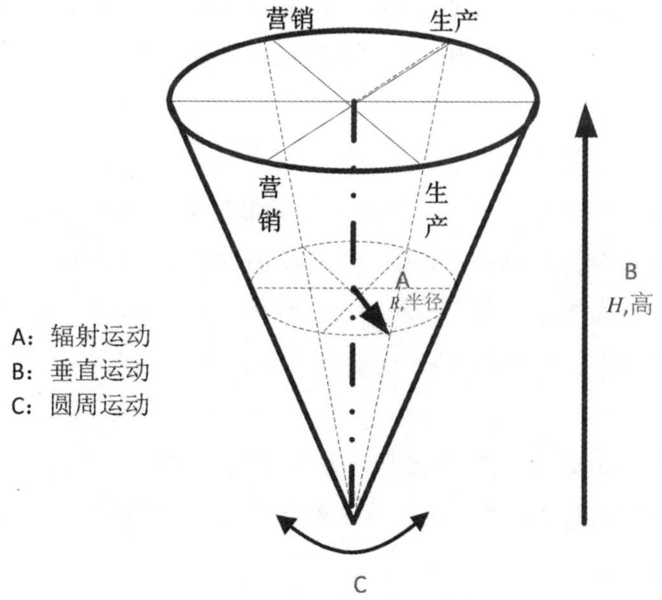

图 3-1　职业发展倒圆锥模型

职业发展倒圆锥模型认为，员工在组织内的职业发展可看成在圆锥体内的运动，包括辐射运动、垂直运动和圆周运动，圆锥体代表员工在企业内的职业发展空间。其中圆周半径代表专业化程度可能的差异大小范围；圆锥高度代表责任层级差异，管理责任层级越高，越需脑力或创新，由此其可能的价值差异范围越大，其对企业影响也会越大，所以层级越高对应的半径越长，从而应呈倒圆锥；圆周则代表胜任专业幅度，越底层越要专，则精则高效；越高层越要广，则全，则有判断力和全局性和融合创新的可能。圆锥顶点对应机械化工作，专业化水平和幅度恒定。倒圆锥职业发展运动形式主要包括以下几点。

（1）A角度（辐射运动），代表胜任程度发展，即同一工作模块的专业化程度差异，不同的专业化程度带来不同的绩效水平和贡献，以及对岗位价值的体现程度差异。引导员工从提升专业化程度角度实现发展，为企业“核心技术”和“核心技能”人才队伍建设提供引导。

（2）B角度（垂直运动），代表责任层次升迁，即在不同的管理层级，承担不同的管理责任，类似于传统的领导与员工的层级差异，由于这种差异在中国企业已根深蒂固，可适当弱化转移注意力，引导员工明确“当官”不是发展的唯一途径，支持技术或技能序列发展。随着层级升高，工作的技术复杂度越高，机械化程度越低，其越需要脑力劳动和创新，由此技术熟练程度及价值差异范围则越大，而越低层级则反之，因此顶点则对应机械化工作。且较低层级的员工为晋升一定高度所需学习的时间较短，比较容易，且耗费的劳动和费用也较少，而较高层级则反之，因此由低到高的递增，其相应的半径递增，单位高度对于增长的体积（竞争力）呈曲线趋势增长。这也是为何职业发展呈现圆锥而非圆柱体形式。

（3）C角度（圆周运动），代表胜任专业幅度扩展，即不同岗位配置不同的工作模块，依据工作的责任大小、复杂度差异等，对应不同的岗位价值，是从专业类别幅度上的引导，引导员工一专多能，培养复合型人才，对岗（工作）不对人。

圆锥体代表组织为员工提供的职业发展空间，圆锥体表面代表职业发展上限，脱离圆锥体代表离职，员工职业成长经历点、线构成的体积则代表员工在企业内部的综合竞争力。

基于职业发展模型，职业发展目标的设定原则如下。

（1）系统性。企业分析提供员工可发展的目标空间，需以“干什么事，设什么岗，上什么人，拿什么钱”的角度系统分析，开展目标引导。

（2）合理性。发展空间的设定与引导，需符合企业发展战略规划，即要合理分析未来人才需求、人才存量分析、对比需求与存量的差距，从数量和质量预测员工培养需求，并将重点内容体现在目标引导体系中。

（3）可操作性。目标要具有可操作性，明确清晰，可比较、可评价，以便于员工在目标实施的过程中，不断地对比纠正个人发展行为，使得发展路径不偏离。

（4）动态性。目标要随着企业的业务发展、员工存量等的变化，不断动态更新，重点更新、标准更新，并及时发布给员工，确保发展空间目标信息对称，使员工可参考，可及时反馈调整个人成长计划，促进员工个人发展目标与组织发展目标相匹配。

（5）全员参与。作为管理主体，员工要参与目标设计与管理的过程，无论是梳理岗位工作内容、履责关键点，还是明确岗位胜任标准等，都要求员工参与梳理、直接上级参与指导完善、部门负责人组织讨论等，目标梳理制定的过程也是员工目标有效管理的过程，可帮助员工明确目标内容、目标设定的意义，以及实现目标过程中可能遇到的问题、需注意的关键点等，良好的过程管控将有利于员工更好地实施目标、管理目标、实现目标。

3.1.3　自适应职业发展目标引导体系

针对员工职业发展目标管理引导的重要意义，面对企业职业发展管理过程中目标引导和选择的现存问题，本书应用前馈控制系统（Feedforward Control）原理，即系统可利用输入或干扰信号来影响和控制被控对象，以确保当干扰刚刚出现并能被测出时，调节器即可发出信号影响调节量的变化，使输出发生偏差之前抵消，以提高系统对外界变化的反应效率，提前消除目标偏离可能产生的偏差。据此提出构建自适应职业目标引导体系，形成员工职业发展的目标参考模型，使得当前行为偏差在刚刚出现时即被发现并反馈，调节相应的成长内容，以提高员工发展对企业发展需求变化的反应，提前消除行为偏离可能产生的偏差，达到理想目标，实现发展匹配。基于职业发展倒圆锥三维模型，自适应职业发展目标引导体系主要设计内容如下。

（1）从职业发展辐射运动角度，分析岗位工作，确定岗位工作标准、履责关键点和胜任标准等，形成岗位履责目标体系，告诉员工“岗位价值是什么？干什么？干到什么程度？怎么干……”来指导员工改进工作方法，引导员工对岗位工作过程进行自我管理，发挥员工主动性，不断的提升岗位履责能力，从职业能力的发挥、工作方法的改进等专业深度上获得职业发展，为未来胜任目标岗位奠定基础。

（2）从职业发展圆周和垂直运动角度，根据企业的发展战略、业务发展规划、人才存量等这些影响因素的变化情况，明确未来3～5年的人才需求结构，确定人才培养重点，据此设置员工发展引导目标网络，告知员工“我可以发展到哪里？需要作出什么努力？可以获得什么增值……”有针对性地引导和激励员工向着企业人才需求方向发展，实现预前控制，且过程中根据影响因素变化不断调整目标，及时反馈给员工，为成长路径优化提供参考标准，引导后续发展行为。

（3）基于以上履责基础目标和发展目标引导网络，构建员工个体在组织中的发展优势识别模型，帮助员工了解和预测个体在组织中的发展潜力和优势类别，为员工分析选择合适的职业目标提供定量数据参考，促进个人发展与企业发展匹配。

3.2　自适应履责基础目标引导体系

“责”指责任、任务等。对于企业员工，“履责”则具体指员工根据企业或岗位要求履行工作职责或工作任务，应职尽责，做好本职工作。目前国内很多企业管理者反映这个时代的员工没有“责任心”、不好好干活、干活不负责任、工作效率低等。用“责任心”缺失作为工作干不好的理由，却少于思考员工为什么没有责任心、如何帮助员工提高责任心以及如何帮助员工认识到自己的工作在组织中的重要性，并把实现组织目标当成自己的目标，即“员工应职尽责，做好本职，不踩红线”。员工进入企业，其履责能力将影响其对职业的满意度以及后续职业发展。那么履责的前提是首先要明确“责”是什么？“责”的标准是什么？即员工需了解“我来到企业，分配到该岗位，需要干什么？干到什么程度？以及怎么干？”并不断地向责任目标努力，适应并胜任岗位，在此过程中不断提升个人履责能力水平，为未来发展奠定基础。

3.2.1　履责基础目标引导体系

目前，大部分企业指导员工履责的主要方式可归纳为：以目标结果为主要导向的企业绩效考核文件，例如年末企业利润指标、销售额、业务量等，将目标结果以数量化的形式呈现给员工，将完成结果与薪酬挂钩，即绩效奖金制，以激励员工努力工作达到目标；以《职位说明书》形式，简单告知员工该岗位职责、权利、基本任职资格等；以上下级沟通形式，领导进行任务分配、员工被动接受，即口头传达责任要求式的目标管理。

在多家企业调查研究发现，企业对员工履责指导普遍存在以下问题：以目标结果导向引导员工，却未能引导员工如何将目标分解成具体的过程工作和行为，缺乏过程管控；工作内容未能与责任目标对接，员工不知道做这些事是为了达到什么目标，缺乏良好的目标引导性，即预前管控；《职位说明书》等相关文件中的职责描述和界定不具体，如“负责……”对工作指导性不够，员工不知道职责履行需要具体完成哪些工作任务；工作标准指导性不够，员工不知道做的工作要做到什么程度；工作方法指导缺失，员工不知道如何才能干好以及在工作过程中需关注的重点等。由此，新员工进入企业，多是从头摸索工作，待出错后，被领导指导或批评指责，如此不仅导致可提前避免的常规问题反复出现，提高管理成本，且打击员工积极性，使之处于被动管理，难以发挥员工主动性，难以通过自我管理和努力提升履责能力，而误以为个人与职业的匹配度低，想要寻求其他发展，或转移工作重心，或人才流失，造成恶性循环。

针对以上问题，通过员工、直接上级、管理者参与，经验法、访谈法、问卷调查法等多种方法，总结履责经验、分解工作目标、界定工作内容、明确角色分解，为员工构建“工作、标准、流程”的履责目标引导体系，引导员工不断通过自我管理来持续提升履责能力、深化职业专业性，为职业发展奠定基础。履责目标引导体系设计思路如图 3-2 所示，主要内容如下。

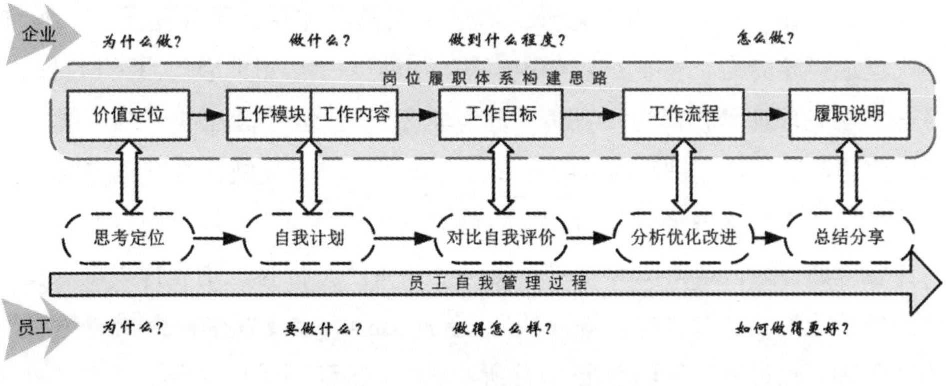

图 3-2　履责基础目标体系构建框架

（1）分析工作存在意义，明确“价值定位”，知道“为什么做”。分析岗位存在的意义，能够明确体现不同岗位在企业中的作用，促使任职者明晰“这个岗位干什么、有什么用”，进而帮助员工明白个人价值和工作意义，认识到个人工作对于组织的重要性，激发员工工作责任感。

（2）梳理界定工作内容，明确“岗位职责”，知道“做什么”。根据岗位价值定位，梳理岗位工作的具体内容，并具体区分岗位核心责任和常规责任内容，促使任职者明确工作重点、分清主次，优先保障核心工作的完成，最大限度提升工作效率，即帮助员工明确工作任务目标。

（3）分解落实关键指标，明确“工作标准”，知道“做到什么程度”。员工明确了做什么，那么做到什么标准才算做好了呢？为此需梳理工作内容所对应的考核标签，使考核有据可查，同时也使任职者清晰每项工作从哪些要点管控方可保质保量完成，有效管控到位，即帮助岗位员工明确工作执行程度目标。

（4）梳理优化工作流程，明确“角色定位”，知道“谁牵头、谁承担、谁配合”。企业中的很多工作，需不同岗位员工或不同部门协作方能完成，为此需对应明确相关任职者的角色和定位，更好地履行职责、完成工作，即帮助员工明确责任角色目标。

（5）整理工作关键要点，明确“履责指南”，知道“怎么做”。根据企业运行实际，强调履责重点注意事项，从岗位间的职责衔接点、履责关键节点、需要的资源等角度进行梳理。根据员工岗位工作经验和上级管理经验，总结整理分析履责过程中需注意的关键节点，这也是企业隐性知识转移的关键过程，在梳理过程中将这些不易用语言、图像、声音等传递的隐性知识，即工作经验、技巧等，通过回忆、总结、梳理、动态完善，形成正式指导文件，传递给员工，便于快速、广泛地指导员工，改进员工工作方法，帮助员工实现履责能力提升目标。

（6）梳理职业禁止行为，明确“行为禁区”，制定“高压线、低压线”预防警示。以逆向梳理补充目标内容的方式，在知道了“应该做什么”的基础上，帮助明确员工“不应该做什么”。其中，“绝对禁止的行为”指履行岗位职责时绝对不允许发生的行为，是岗位的“高压线”。“后果严重行为”指履行岗位职责时不允许发生的行为，是岗位的“警戒线”，若此类行为重复发生，视同“绝对禁止行为”处理。通过警示任职者要“有所不为”，达到“预防负面行为”的目的，使员工能够更加称职，避免工作中出现更大过失。“岗位职业行为禁区”相当于员工履责“警戒牌”，告诫员工不能去做的事。

将以上履责指导内容形成工作标准文件，如表 3-2 所示，岗前学习、岗中培训、过程动态更新完善，形成具本企业特色的岗位履责指导体系，真正的帮助员工明确目标，帮助员工提升履责过程的自我管理能力，发挥员工主动性，为员工职业发展奠定基础。

表 3-2　某单位薪酬主管岗位履责指导书

<table>
<tr><th colspan="3">岗位责任目标</th><th colspan="3">责任角色分解</th><th rowspan="2">履责指南</th></tr>
<tr><th>模块</th><th>具体工作事项</th><th>工作标准</th><th>牵头</th><th>承担</th><th>配合</th></tr>
<tr><td rowspan="4">薪酬方案设计</td><td>1. 负责总部员工工资制度的制定与工资标准的测算、调整与上报工作</td><td>工资数据准确率 100%；上报及时</td><td>总经理</td><td>薪酬主管</td><td>薪酬主办</td><td>每年 12 月 5 日前上报</td></tr>
<tr><td>2. 负责地市公司员工分配方案指导纲要的制定和下发</td><td>上报及时</td><td>总经理</td><td>薪酬主管</td><td>地市公司人事专员</td><td>根据上一年度工资制度运行状况，提出下一年度指导纲要；每年11 月内上报总经理审核后下发</td></tr>
<tr><td>3. 负责监督、指导地市公司开展工资制度的制定与工资标准的测算、调整</td><td>及时解答地市公司问题</td><td>—</td><td>薪酬主管</td><td>薪酬主办</td><td>及时解答地市公司提出的问题，必要时下现场调研、讲解；根据时间要求，对部分未完成任务的地市公司进行必要的催办</td></tr>
<tr><td>4. ……</td><td>—</td><td>—</td><td>—</td><td>—</td><td>—</td></tr>
<tr><td colspan="3">绝对禁止行为</td><td colspan="4">后果严重行为</td></tr>
<tr><td colspan="3">1. 泄露公司工资数据
2. 丢失工资发放数据依据等机要文件或档案</td><td colspan="4">1. 工资测算数据出现错误
2. 工资发放出现迟发、错发情况
3. 制度与数据上报出现迟报、错报情况</td></tr>
</table>

3.2.2　实施保障措施

（1）全员参与。员工在参与过程中总结经验、发现问题、提出问题，直接上级在指导完善过程中，沟通传递经验、提出好的工作方法和改进措施，帮助员工清晰履责目标，改进方法，提升履责能力。

（2）动态完善。在履责目标体系的梳理过程中，整理撰写履责经验，是企业隐性知识转移的重要途径，如工作目标执行过程所需注意的关键时间节点、参考的标准和流程等。在员工将知识应用于工作实践过程中，基于其不同的个性特征，会将隐性知识再转化，从而获取新的隐性知识，可据此完善履责目标体系，如此周而复始地动态总结和完善，可提升企业知识存量，提升目标指引效能，确保目标引导与企业工作实际需求匹配。

（3）过程管控。在梳理过程中通过组织讨论，可帮助员工明晰该做什么、不该做什么，为其自我管理奠定目标基础。且帮助管理者广泛收集管理问题，通过职责调整、角色分工、流程优化等，发现和解决存在的管控问题，提升管理效能。

3.3 自适应成长发展目标引导网络

“网络”是由节点和连线构成，表示诸对象及其相互联系。职业目标引导网络则是由一系列职业发展点和发展路径连接构成，表示职业发展目标以及相互的发展关系。企业发展需可持续的人才资源支撑。未来企业的发展与人才队伍是否匹配，将直接影响企业在市场中的竞争力。从按劳分配的视角分析，企业若想获取员工劳动支撑企业发展，就需要提供劳动报酬。而员工想要赚取报酬，则需为企业提供所需的劳动，实现交换。因此，企业需基于组织—员工匹配目标，分析确定所需的人才类型、人才标准以及相应可以提供的激励措施，来引导员工成长和发展。员工根据引导网络，则可明白“我可以发展到哪里？为此需作出什么努力？可以获得什么增值”，从而制定匹配的职业发展目标，并为之努力，最终实现自我。在此提出构建“目标—标准—激励”的成长发展目标引导网络，如图 3-3 所示，为员工制订职业发展目标和分解形成成长计划提供参考，并引导后续的学习成长和发展行为，为组织—员工发展匹配奠定基础。

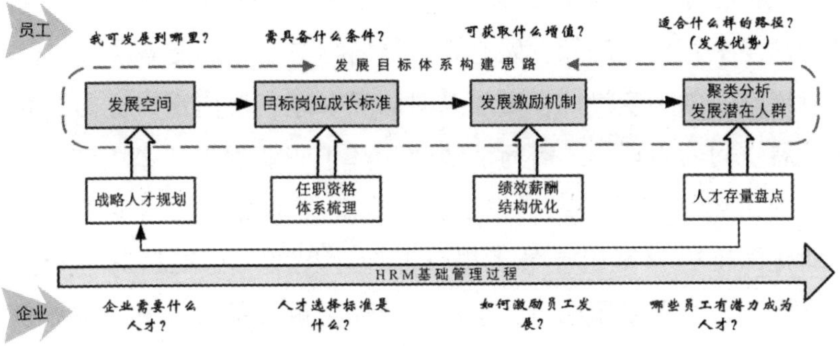

图 3-3　发展目标网络构建框架

3.3.1　成长发展目标引导网络

3.3.1.1　基于战略人才规划的发展空间分析

国外人才规划研究主要分为三个阶段。20 世纪初，主要研究如何通过工作过程和心理学提高生产效率。20 世纪中期随着科学技术水平提高和企业规模的扩大，带来人才需求增长，人才规划得到企业广泛关注，并重点研究通过什么方式实现企业人力资源供求平衡。20 世纪末期，企业开始兴起裁员、提高工作效率、降低管理成本，因此开始关注职业规划和员工的绩效水平等，研究开始强调人员精减计划、重构预测、成本效益等。现代人力资源规划是为实现企业战略目标，根据企业内外部环境因素分析，运用科学的方法和理念，对企业进行人力资源需求分析，以期有效激励员工，开发人力资源，增强企业竞争力。

人力资源规划的质量和精确性取决于企业决策者对企业战略目标的认识程度、组织结构、财务预算和生产计划等因素，又有赖于人力资源部门提供的工作分析资料和人力资源信息管理系统提供的有效数据。企业人力资源需求的主要影响因素分为以下三类：企业外部环境（国家政策、企业发展环境等）、企业内部环境（内部战略、业务发展重点目标等）及企业人力资源队伍现状（年龄结构、学历结构、质量结构等）。企业据此预前规划未来业务发展需哪些工作承载？分析什么样的人才可以胜任这些工作？即员工需具备什么职业资格、技能、素质特征等。并盘点企业中人力资源存量，目前企业拥有多少这样的人才，与需求比较，还需要在多长的周期内培养出这样的人才，即从数量和质量的角度比较分析，确定人才培养目标，也即员工可发展的空间范围。通过以上分析，圈定企业可为员工提供的发展空间范围，据此设计发展目标网络，引导员工制定发展目标。并进行动态更新，以确保发展空间范围始终与企业发展需求所匹配。

职业发展空间的维度设计，要求纵向层级有序，横向重点突出，如图 3-4 所示。职业发展空间的表现形式需简洁清晰，基于职业发展模型的三个维度，从管理责任层次的角度引导员工纵向发展，从专业类别幅度的角度引导员工一专多能，从专业化深度的角度引导员工提升专业化程度。特别是对于阶段性紧缺人才，可独立设置该类别专用通道，重点引导该类员工的成长和发展。例如，在大数据时代背景下，网络成为销售、服务的重要渠道，对于金融业的电子银行业务尤其如此，打破了几十年来传统银行之间的竞争，改变了消费者拿着存折去银行取现金的消费习惯，一系列的电子银行业务、产品、服务的研发和创新成为银行竞争的重要手段，随之而来的则是电子银行业务研发和拓展人才的紧缺，企业可据此为该类人才设专用发展通道，以推进该类业务的发展。

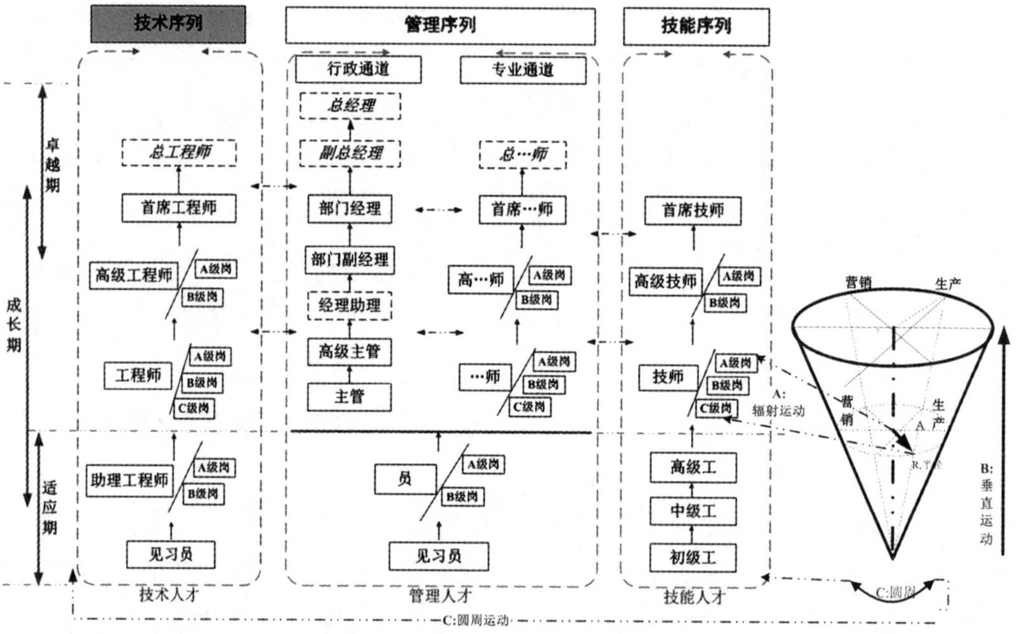

图 3-4　基于人才规划的职业发展空间序列

3.3.1.2　基于任职资格的路径标准对接

任职资格管理核心思想源于英国国家职业资格（National Vocation Qualification，NVQ）。NVQ 是英国颁发职业资格证书的考核制度，它把每个职业的任职资格作为一个 NVQ，若获得了某一个职业的 NVQ，就获得了这个职业的任职资格。每个 NVQ 分为 5 个难度等级标准，从工作性质方面划分为重复性的熟练操作职位标准、技术操作职位标准、技术管理职位标准、企业管理职位标准和科学研究职位标准 5 个技术难度等级，考评标准源于实践和现场，用工作结果来证明工作能力。国内近年研究逐渐开始认识到任职资格管理的重要性，并开始探讨企业任职资格的具体定义和构建，且在华为等优秀企业中实践成功，任职资格管理逐渐开始成为企业的基本管理工具。

狭义的任职资格，是指承担该岗位工作的员工所需具备的条件，主要包括学历、专业、职称等。广义的任职资格指企业某一岗位类别中某层级的工作对任职者的要求，包括知识、技能经验、素质等，其与岗位序列、岗位责任角色、企业战略等息息相关。饶征（2004）在《任职资格与职业化》一书中指出，任职资格管理是为了实现企业战略目标（包括企业财务指标和非财务指标），根据企业组织（包括业务模式、业务流程和组织结构）的要求，对员工的工作能力（包括知识、经验和技能要求）和工作行为（包括工作活动、行为规范和工作质量等）实施的系统管理。王丁（2009）研究中将任职资格定义为，从事某一职种任职角色的人所必须具备的知识、经验、技能、素质与行为之总和。

本书基于“冰山”理论，根据任职资格内容的不同表现形式，用“冰山”形式呈现出其不同层次，将任职资格因素划分为：基础素质层、潜在能力素质特征层和绩效表现行为层三层。从指导岗位员工履责能力提升的角度，将任职资格定义为，员工为胜任某一个岗位工作，所必须具备的知识、技能、能力素质特征等，从职业发展三维角度，通过具体行为特征描述和业绩成果等实例体现，如图 3-5 所示。

（1）基础素质层。学历、专业、职称、技能等级等刚性资格等级。

（2）潜在能力素质层。包括应知类和应会类两类。应知类指员工完成某等级工作所应具备的理论知识，包括基础知识要求（本专业共性的、基础的、一般的知识）、专业核心知识要求（本岗位核心的专业知识）和其他知识要求（相关、外延的知识等）；应会类指员工完成某等级工作所必须具备的技术能力和实际经验。包括基于岗位职责的、不可或缺的、可衡量的、能行为化的典型能力或素质特征的描述，及岗位必须掌握的操作实务，如能调试 220KV 及以下各种线路保护和自动装置、自动准同期装置、自动励磁调节装置，并确保其回路的正确性。

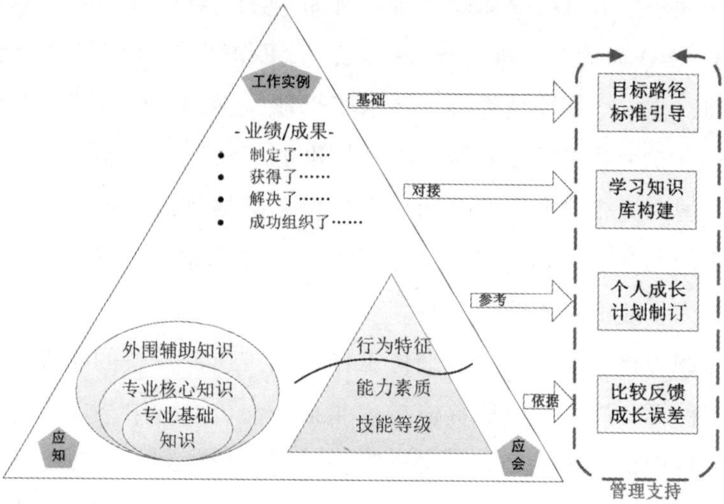

图 3-5 任职资格体系模型

（3）绩效行为层。则是显性的“冰山”上层，用工作成果来证明资格等级，即工作实例类。是根据“应知”和“应会”要求，列举本岗位某层级员工必备的业绩及成果要求，如独立主持完成过 2 项厂级电气专业的技术攻关工作。

基于以上定义和分类，形成某岗位种类某层级员工所需具备的任职资格体系。在企业人力资源管理工作中，任职资格可作为员工招聘、员工上岗培训、岗位后备人才培养等的参考依据，是一项基础管理工具。在本书中，在员工职业发展管理研究过程中，任职资格体系将作为员工成长路径标准，告知员工发展所需具备的基本条件以及需努力方向，指导员工将职业目标分解为具体的学习提升目标，更好地指导后续的职业发展行为；对接任职资格内容，后续可形成员工学习成长所需的学习内容，指引企业学习平台搭建和员工胜任能力预测等后续职业发展管理工作。

3.3.1.3 基于职业发展模型的激励匹配

员工在明确了可发展的空间和发展条件之后，则要衡量发展所能带给自身增值的大小，并结合自身情况，选择合适的目标。为激发员工学习成长发展、发挥员工潜能，企业需构建与员工成长发展相匹配的激励机制。

（1）激励方法比较研究

目前，企业激励机制多以区分层级式的激励结构，即较明显的中层和员工薪酬差距，使员工普遍存在“只有晋升当官才是发展”的偏颇意识，可见薪酬的激励对员工成长发展目标设置引导的重要性。通过多家企业薪酬体系调研，发现普遍存在以下五类问题：薪酬差距以中层干部和普通员工为主，对技术和技能序列的人才发展激励较弱；普通岗位员工薪酬水平几乎相同，岗位价值差异体现不明显，未能有效激励员工向价值更高的岗位发展；“干好干坏一个样”，员工绩效贡献差异体现不明显，未能有效激励员工持续提升履责能力水平；进入中层后，薪酬水平基本停滞，不同胜任能力的干部的贡献价值差异体现不明显，未能有效激励干部在任期阶段努力开拓创新，提升管理能力；员工成长、能力提升未与薪酬水平联动，未能在过程中对员工的能力提升给予认可，并不断激励员工学习成长。

激励机制与员工成长发展的匹配与否，将直接影响员工的目标与企业发展目标匹配度以及员工成长发展的动力。本书基于员工职业发展模型，构建以岗位价值评价技术为基础，设计“层级内小步跑，层级间过渡走”的改进式薪酬激励方式，“价值—贡献—能力”差异式三维薪酬结构，实现专业化深度发展、专业化幅度扩展、员工能力提升发展的三维发展激励体系，全面激励员工成长发展。

（2）发展激励的价值差异基础

激励分配的公平与否，将直接影响激励的效果。公平缺失的激励机制不仅耗费成本且激励效果欠佳，甚至可能打击员工工作和学习的积极性，导致员工流失。因此，需以科学的岗位价值评估作为分配差异的基础，即将抽象的劳动分解为劳动的复杂性、劳动责任、劳动条件和劳动负荷度等因素，再对这些因素进行分析比较，综合划分等级，找出各等级之间的数量关系，确定劳动差别和数量差别，形成科学的岗位价值评价体系（见表 3-3），对不同的劳动价值进行测评，作为激励分配的基础。

表 3-3　基于因素计点法的岗位评价体系（样例）

要素	配点	子要素	一级	二级	三级	四级	五级	六级
劳动复杂性	300	学历	10	20	35	50	—	—
		工作经验	15	25	40	60	85	—
		……	—	—	—	—	—	—
劳动责任	—	经济效益责任	—	—	—	—	—	—
		风险控制责任	—	—	—	—	—	—
		……						

续表

要素	配点	子要素	一级	二级	三级	四级	五级	六级
劳动强度	—	工作负荷度	—	—	—	—	—	—
		……						
劳动条件	—	劳动时间	—	—	—	—	—	—
		……	—	—	—	—	—	—
合计	1000		—					

（3）发展激励三维结构

基于职业发展辐射运动，即岗位履责能力提升的发展引导角度，激励体系需能激励员工在工作过程中，不断地提升专业化水平，最大限度地体现岗位价值，如图 3-6 所示。在特定的工作模块和工资等级范围内，级内分档，形成级内小跑式的激励路径，来体现员工对工作价值体现程度的差异，激励员工提升岗位履责能力。

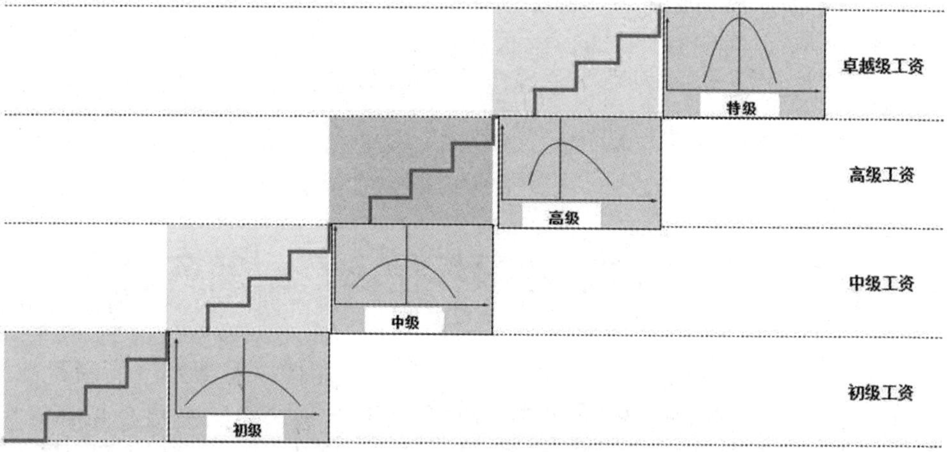

图 3-6　级间跨越、级内小跑式激励

基于职业发展垂直运动，即层级胜任能力提升的发展引导角度，不同的发展序列所需具备的胜任能力不同，对应的激励水平不同，如图 3-7 所示。以此激励员工向更高层级发展，提升个人能力，体现个人价值，为企业引导培养高水平的专业技术人才和专业技能人才。

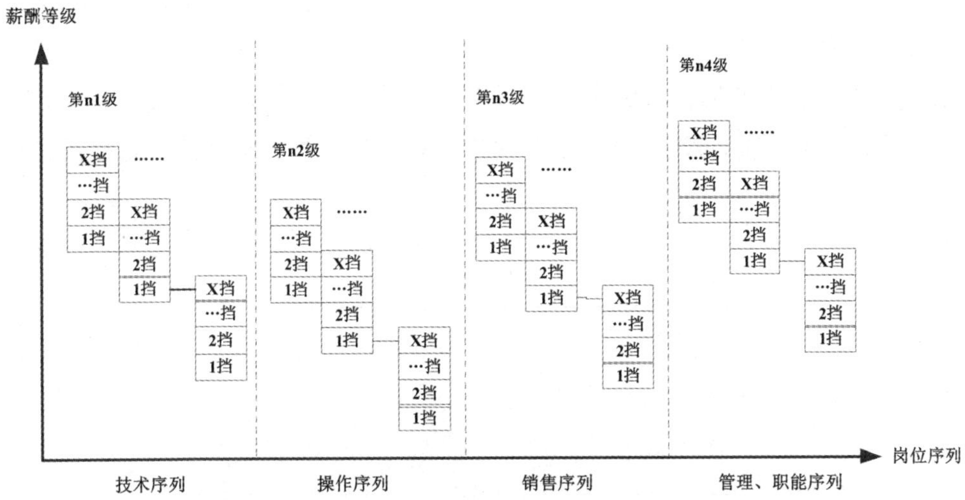

图 3-7 岗位序列间差异激励

基于职业发展圆周运动，即专业胜任幅度扩展的发展激励，以科学的岗位价值测评等级为基础，区分不同劳动价值的岗位工作激励，激励员工扩展胜任的专业类别和内容，并向更高价值的工作模块发展，努力扩展个人专业胜任幅度，引导员工一专多能，为企业培养复合型人才，这也是后续工作模块化灵活配置、员工职业进程灵活调整与定制的前提基础。

（4）发展激励标准分析

令某员工在企业某职位点任职，该点所处层级为 i，等级为 j，类别为 x，则职位点坐标为 x_{ij}，即对应的岗位价值为 x_{ij}，绩效系数为 k_i，假设某员工在该职位点绩效目标完成比例为 $\alpha\%$，目标职位点坐标为 x_t，其对应后备入库积分标准为 c_{mn}，则在岗位工作的员工激励价值总额为：

$$Y = x_{ij} + k_i \times x_{ij} \times \alpha\% + \left[x_0 \times \omega_0 + \frac{c_{mn}}{c_0} \times \frac{x_{mn}}{x_{ij}} \times \Delta(x_0 \times \omega_0) \right] \qquad (3-1)$$

式中：x_{ij} ——岗位工作价值差异激励；

$k_i \times x_{ij} \times \alpha\%$ ——员工贡献差异激励；

$x_0 \times \omega_0 + \frac{c_{mn}}{c_0} \times \frac{x_{mn}}{x_{ii}} \times \Delta(x_0 \times \omega_0)$ ——员工成长差异激励。

如式（3-1）所示，当企业利润及市场价值水平提升时，随之调高，从而调高整体激励水平，提高市场竞争力；当员工发展的目标岗位的价值提高以及成长积分增长，成长激励价值增长。

（5）发展激励的形式分析

在以薪酬为主线的激励体系中，需辅以其他激励措施，来满足不同类别员工的不同需要，在此基于马斯洛需求理论，如图 3-8 所示，分析选择匹配的激励方式。

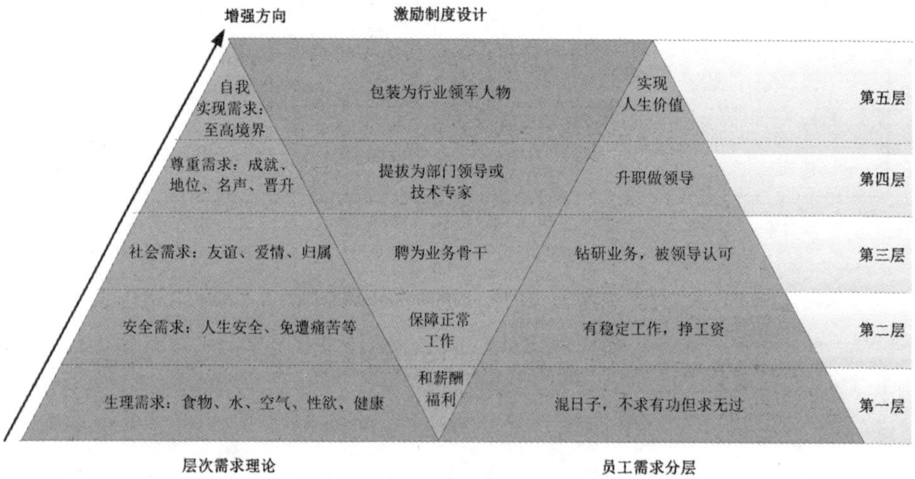

图 3-8　基于马斯洛层次理论的激励形式分析

①从生理安全需求角度，以“价值—贡献—能力”结构式薪酬激励为主线，与发展模型的引导角度对应，即从履责能力提升、胜任层级晋升、胜任范围扩展三个角度，设计薪酬激励体系，并纳入社会保险、健康计划、亲人计划、生日计划等福利内容。

②从社交归属需求角度，为处于不同职业发展周期阶段的员工（如生育哺乳阶段、赡养老人阶段、子女教育关键阶段等），给予核心员工个人职业发展进程的自适应调整机会，帮助企业留住核心员工，具体操作方法可见本书第 7 章。

③从自我尊重需求角度，以工作胜任标准为决策依据，给予满足条件的员工发展的机会，以后备人才库、职位晋升、专家选拔等形式，给予员工贡献和能力提升的认可，形成“尊重人才、肯定人才”的企业文化氛围，具体措施内容可见本书第 8 章。

④从自我实现需求角度，特别针对高端人才，企业应给予其自我管理和创造的空间，如研究兴趣小组、自由工作日，并关注这些员工的发展状况和职业梦

想，给予关注、支持和帮助。

⑤此外，对于业绩稳定、长期表现优秀或为企业做出持续贡献的较高层级的销售/研发/技能人员，不仅可晋升其职位层级，如通过“高级销售经理/技术专家/技能专家”称号给予认可，且可对应优化其薪酬结构，通过提升固定薪酬比例或股权激励，给予员工安全感、稳定感和归属感，以保持企业核心员工队伍的稳定性。

3.3.1.4　“目标—标准—激励”集成网络

企业核心员工职业发展目标引导网络，即集“发展目标”“路径标准”和相应的“激励”为一体的职业发展目标引导体系，旨在呈现企业未来发展的人才需求重点，即员工职业发展目标空间，且相应呈现发展点对应所需承担的核心工作、员工所需满足的胜任标准、可获取的激励等。全面告知员工“企业哪些核心业务链缺人？缺什么样的人？我想要承担什么工作，获取什么激励？为此我需学习成长以达到什么标准……”，将企业战略人才规划和员工职业发展空间显性化、可视化，引导员工个人发展选择与企业发展需求相契合，真正发挥员工职业发展选择的自主性和成长的主动性，为员工后续的成长发展行为提供指引和参考。

职业发展目标引导网络如图 3-9 所示，以“职业发展序列”为设计主线，以“岗位/工作—标准—激励”为目标架构，主要通过“职位发展点、岗位柱状图、职业路径线、薪酬等级线、胜任标准框”五个要素内容引导员工。

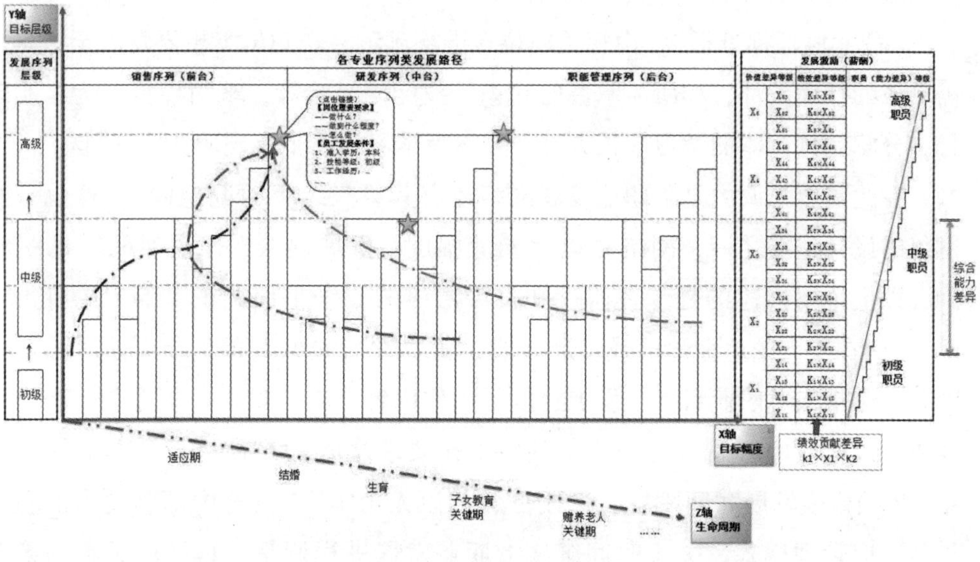

图 3-9　职业发展引导网络

（1）“职位发展点”，代表企业急需人才的职位点，以“★”标注，其分布在不同业务序列、不同价值等级、不同标准要求的交叉点，告知员工企业可以提供的职业发展空间，引导员工制定目标，发挥员工主动性，选择适合自己、自己希望的职业目标，并为此而努力。

（2）“岗位柱状图”，以岗位边界为区分的经线，相当于地图中的行政区域线。柱状差异代表岗位履责内容与要求差异，柱图高度表示不同岗位饱和价值大小不同，起点代表岗位起始等级，柱图长短代表该岗位范围内的发展空间大小。

（3）“职业路径线”，是可连续的发展的一系列职位发展点的连线，以职业路径线的起点为初级发展点，随着路线的前进，职位点的价值逐渐增大、所对应的序列逐渐增高，且可获取的报酬也逐渐增高，当然其所需承担的工作责任和工作的复杂度等也相应升高，为员工提供不同的可到达职业发展目标点的路线，以便员工参考选择合适的成长路径，高效实现个人职业发展目标。且路径线可横纵打通，形成发展网络，倡导一专多能式的复合型成长发展模式。

（4）“薪酬等级线”，以岗位等级为区分的纬线，相当于地图中的等高线。在同一条等级线上的职位点，其岗位价值相似；在不同等级线上的职位点，其岗位价值存在一定的差异。等级线越高，职位点价值越高，其对应可获取的薪酬也越高。区分不同价值岗位激励差异，鼓励员工向价值高的职位点努力发展，为企业贡献更多的劳动价值，并实现个人价值。

（5）“胜任标准框”，由相关职位点链接显示，告知员工想要发展至该点，所需具备的任职条件，如所需掌握的知识、技能、经验等，来引导员工为了实现目标，分解制订具体的学习成长方案，并参考学习，逐步实现职业发展目标。

在此需要强调的是，职业发展网络还有其第三维“时间空间”，这也是职业网络的设计重点之一，网络是以“专业幅度、发展层级、发展时间”的三维空间，以上主要讲述的是专业幅度和发展层级的二维平面内的“目标—标准—激励”，而在不同的生命阶段或发展阶段，随着员工的个人角色和所面对的任务的变化，会带来对职业目标、发展速度、工作内容、工作条件、工作负荷等的调整需求，以适应家庭责任—个人生活—工作要求之间的平衡，因此本书加入第三维，Z 轴代表发展时间阶段，形成更加“以人为本”、具有内部驱动力的职业发展自适应管理模式。关于时间维度上职业发展进程调整，具体可见本书第七章详述。

职业发展网络集一维的“发展目标点”和“目标标准”、二维的“目标路径”和“目标激励”、三维的“时间阶段”为一体，告知员工企业可提供的职业发展空间、提供的发展路径和激励措施，以及给予员工职业发展的自主选择权和自适应的发展进程调节平台，发挥员工自主性，根据个人特性和需求，选择适合自己的职业发展目标，并据此定制个性化的职业路径和相应学习课程，来满足目标所需具备的条件，最终实现职业梦想。

3.3.2　实施保障措施

（1）动态维护。关于发展目标职位点信息，需动态更新完善，根据以企业业务发展为基础的合理的人力资源规划，动态分析人才需求和人才存量，明确人才培养目标，重点突出，据此圈定职位发展空间和包含的职位点；关于目标胜任标准，需动态更新完善，与业务需求联动完善，确保标准符合职位相应工作内容的履责需要，特别对于高端岗位的标准要求，要体现其独特性和稀缺性。

（2）公平保障。关于发展式薪酬体系设计，需重点激励、内部公平、结构合理。激励分配的公平性至关重要，需以严谨的岗位价值评价为基础，确保内部分配公平，设计薪酬体系，区分价值差异；需以合理的考核为基础，确保合理体现绩效贡献差异；需以明确的能力增长标准为依据，确保真实累计体现员工综合能力水平的提升，且统一制定、标准公平、公开发布。

3.4　发展目标网络引导下的个体发展定位

3.4.1　发展定位分析方法

“定位”指确定某一事物在一定环境中的位置，如产品在市场中定位、人物在组织中的定位、物品在某一地理位置的定位等。员工职业发展定位则指员工在企业中成长发展的目标位置分析确定。基于发展目标网络引导，员工需根据个人意愿、个人优势劣势、发展环境分析等分析定位，选择适合个体特性的职业发展目标，正如霍兰德提出关于职业选择的六边形模型，员工个人性向与职业越匹配，职业满意度越高，越有利于提高员工职业发展的可持续性。

发展目标选择的主要影响因素，可从内部因素和外部因素两个方面分析。关于内部因素，即自我分析，企业可为员工提供自我诊断和分析平台，如职业性向测试系统，通过专业的测试，获取诊断分析报告，在此基础上对自己的爱好、兴趣、特长、不擅长的方面等进行综合分析，寻找到自己适合的职业领域和感兴趣的职业领域。关于外部因素，即环境分析，分析自己所在的组织环境所能提供的发展空间、发展机会、潜力和优势等。

基于发展目标引导网络，员工可了解企业的发展空间和机会。如图 3-10 所示，员工根据分析确定个体的兴趣职业区域、适合发展区域、竞争优势区域，从而确定目标选择优先序。其中分析的难点则在于如何明确个体在组织发展环境中的位置和竞争力，从而判断个体发展的潜力和机会，来预测未来发展的可能性，为发展目标和路径的选择奠定基础。

图 3-10　发展目标定位分析

3.4.2　目标引导下的发展定位分析模型

针对员工职业发展目标选择分析需求，企业可通过聚类分析，根据专业人才培养的目标标准、将组织中的潜在人才进行分类，从而明确员工在组织中的发展优势定位。关于聚类研究，已有研究中常用的有系统聚类方式和评价分级方法。其中，系统聚类仅根据提供的数据特征归类，过程未融入企业发展实际对人才的需求侧重标准，虽客观，却无法区分出具体类别特点，需根据分类后的数据再进一步深入分析判断。评价分级方法，则是构建评价指标体系，测评获取得分高低顺序，来进行分类。然而从人才培养和员工成长发展的角度，注重的是内部培养，而非把员工排出高低区别，优胜劣汰，而需了解员工现有状态和潜在发展优势类别，帮助员工选择合适的职业目标，并针对特点差异化培养，制定出高效的培养方案，最大限度地利用培训资源和时间资源。

在此采用灰色聚类分析方法，灰色聚类法是建立在以灰数的白化函数生成的一种多维灰色评估方法，它将聚类对象对不同聚类指标所拥有的白化数，按若干灰类进行归纳，从而判断出聚类对象属于哪一个灰类。灰色聚类分析已应用于投资组合决策、航电系统效能评估、产业集群集成创新研究、电力系统负荷节点分区、企业班组管理应用等研究。基于灰色聚类理论，构建灰色白化权函数聚类模型，替换根据学历、技能等级等或岗位层级等传统的单一分类方法，实现以能力水平状态差异为依据的精细化人才分类，为人才发展培养提供量化的数据支撑。

设有 N 个聚类对象，M 个聚类指标，S 个不同灰类，根据第 i（$i=1, \cdots, n$）个对象关于 j（$j=1, \cdots, m$）指标的样本值 x_{ij} 将第 i 个对象归入第 k（$k=1, \cdots, s$）个灰类之中。令 $\int_j^k(\cdot)$ 为 j 指标 k 子类的白化权函数，λ_j^k 为 j 指标 k 子类临界值。设 $x_j^k(1)$、$x_j^k(2)$、$x_j^k(3)$、$x_j^k(4)$ 为 $\int_j^k(\cdot)$ 的转折点，则

（1）典型白化权函数为 $f_j^k[x_j^k(1), x_j^k(2), x_j^k(3), x_j^k(4)]$，即

$$f_j^k(x)=\begin{cases} 0 & x \notin [x_j^k(1), x_j^k(4)] \\ \dfrac{x-x_j^k(1)}{x_j^k(2)-x_j^k(1)} & x \in [x_j^k(1), x_j^k(2)] \\ 1 & x \in [x_j^k(2), x_j^k(3)] \\ \dfrac{x_j^k(4)-x}{x_j^k(4)-x_j^k(3)} & x \in [x_j^k(3), x_j^k(4)] \end{cases} \tag{3-2}$$

$$\lambda_j^k=\frac{1}{2}(x_j^k(2)+x_j^k(3)) \tag{3-3}$$

（2）若白化权函数 $\int_j^k(\cdot)$ 无第一和第二个转折点 $x_j^k(1)$，$x_j^k(2)$，则为下限测度的白化权函数，记为 $f_j^k[-, -, x_j^k(3), x_j^k(4)]$。

$$f_j^k(x)=\begin{cases} 0 & x \notin [0, x_j^k(4)] \\ 1 & x \in [0, x_j^k(3)] \\ \dfrac{x_j^k(4)-x}{x_j^k(4)-x_j^k(3)} & x \in [x_j^k(3), x_j^k(4)] \end{cases} \tag{3-4}$$

$$\lambda_j^k=x_j^k(3) \tag{3-5}$$

（3）若白化权函数 $\int_j^k(\cdot)$ 的第二个和第三个转折点重合，则称 $\int_j^k(\cdot)$ 为适中测度白化权函数，记为 $f_j^k[x_j^k(1), x_j^k(2), -, x_j^k(4)]$。

$$f_j^k(x)=\begin{cases}0 & x \notin [x_j^k(1), x_j^k(4)] \\ \dfrac{x-x_j^k(1)}{x_j^k(2)-x_j^k(1)} & x \in [x_j^k(1), x_j^k(2)] \\ \dfrac{x_j^k(4)-x}{x_j^k(4)-x_j^k(2)} & x \in [x_j^k(2), x_j^k(4)]\end{cases} \tag{3-6}$$

$$\lambda_j^k = x_j^k(2) \tag{3-7}$$

（4）若白化权函数 $\int_j^k(\cdot)$ 无第三和第四个转折点，则称 $\int_j^k(\cdot)$ 为上限测度白化权函数，记为 $f_j^k[x_j^k(1), x_j^k(2), -, -]$。

$$f_j^k(x)=\begin{cases}0 & x < x_j^k(1) \\ \dfrac{x-x_j^k(1)}{x_j^k(2)-x_j^k(1)} & x \in [x_j^k(1), x_j^k(2)] \\ 1 & x > x_j^k(2)\end{cases} \tag{3-8}$$

$$\lambda_j^k = x_j^k(2) \tag{3-9}$$

在灰数的分布信息确定后，采取非等权白化更能合理描述一个灰数对取值范围内不同数值的“偏爱”程度。为综合评估员工对象所属类别，需根据各类发展目标标准差异确定隶属权重，采取灰类变权聚类分析，计算 j 指标隶属于 k 灰类的权为

$$\eta_j^k = \frac{\lambda_j^k}{\sum_{j=1}^{m} \lambda_j^k} \tag{3-10}$$

形成权向量矩阵

$$\eta = \begin{bmatrix} \eta_1^1 & \eta_1^2 & \eta_1^3 & \eta_1^4 \\ \eta_2^1 & \eta_2^2 & \eta_2^3 & \eta_2^4 \\ \eta_3^1 & \eta_3^2 & \eta_3^3 & \eta_3^4 \\ \eta_4^1 & \eta_4^2 & \eta_4^3 & \eta_4^4 \end{bmatrix} \tag{3-11}$$

对象 i 属于 k 灰类的灰色变权聚类系数为：

$$\sigma_i^k = \sum_{j=1}^{m} f_j^k(x_{ij}) \cdot \eta_j^k \tag{3-12}$$

聚类系数矩阵为：

$$\Sigma = (\sigma_i^k) = \begin{bmatrix} \sigma_1^1 & \sigma_1^2 & \cdots & \sigma_1^s \\ \sigma_2^1 & \sigma_2^2 & \cdots & \sigma_2^s \\ \vdots & \vdots & \vdots & \vdots \\ \sigma_n^1 & \sigma_n^2 & \cdots & \sigma_n^s \end{bmatrix} \tag{3-13}$$

$$\sigma_i^{k^*} = \max_{1 \leq k \leq s}\{\sigma_i^k\} \tag{3-14}$$

根据聚类系统，则可判定对象 i 所属灰类 k^*。

3.4.3　算例分析

（1）员工状态采集

以某发展类别为基础，设置四个灰类等级，其中，A 类代表具有该类别发展优势，可优先培养；B 类代表后备关注对象；C 类代表基础常规工作类；D 类代表建议寻找其他培养方向等。

员工状态输出矩阵如表 3-4 所示。

表 3-4　人才成长状态输出矩阵

指标类别	专业知识	操作实务	业绩成果	绩效表现	
1	x_{11}	x_{12}	x_{13}	x_{14}	…
2	x_{21}	x_{22}	x_{23}	x_{24}	…
3	x_{31}	x_{32}	x_{33}	x_{34}	…
…	…	…	…	…	…

（2）定灰类边界值

根据表 3-5 中灰类边界矩阵，基于改进型三角白化权函数，确定灰类函数转折矩阵。

表 3-5　人才灰类边界矩阵

类别	D	C	B	A
指标 1（专业知识类）	0 ~ 60	60 ~ 70	70 ~ 85	>85
指标 2（操作实务类）	0 ~ 60	60 ~ 75	75 ~ 90	>90

续表

类别	D	C	B	A
指标3（业绩成果类）	0~60	60~70	70~80	>80
指标4（绩效表现类）	0~70	70~80	80~90	>90

$$Z=\begin{bmatrix} z_1^1 & z_1^2 & z_1^3 & z_1^4 \\ z_2^1 & z_2^2 & z_2^3 & z_2^4 \\ z_3^1 & z_3^2 & z_3^3 & z_3^4 \\ z_4^1 & z_4^2 & z_4^3 & z_4^4 \end{bmatrix}=\begin{bmatrix} 55 & 65 & 77.5 & 92.5 \\ 52.5 & 67.5 & 82.5 & 95 \\ 55 & 65 & 75 & 90 \\ 65 & 75 & 85 & 95 \end{bmatrix}$$

（3）白化权函数构建

对应四个灰类等级，基于“专业知识类”指标的白化权函数依次为下限测度白化权函数$f_1^1(x)$、适中测度白化权函数$f_1^2(x)$、适中测度白化权函数$f_1^3(x)$、上线测度白化权函数$f_1^4(x)$，如图3-11所示。

$$f_1^1(x)=\begin{cases} 1 & x<55 \\ \dfrac{65-x}{65-55} & x\in[55,\ 65] \\ 0 & x>65 \end{cases};$$

$$f_1^2(x)=\begin{cases} 0 & x\notin[55,\ 77.5] \\ \dfrac{x-55}{65-55} & x\in[55,\ 65] \\ \dfrac{77.5-x}{77.5-65} & x\in[65,\ 77.5] \end{cases};$$

$$f_1^3(x)=\begin{cases} 0 & x\notin[65,\ 92.5] \\ \dfrac{x-65}{77.5-65} & x\in[77.5,\ 65] \\ \dfrac{92.5-x}{92.5-77.5} & x\in[65,\ 92.5] \end{cases};$$

$$f_1^4(x)=\begin{cases} 0 & x<77.5 \\ \dfrac{x-77.5}{92.5-77.5} & x\in[77.5,\ 92.5] \\ 1 & x>92.5 \end{cases}$$

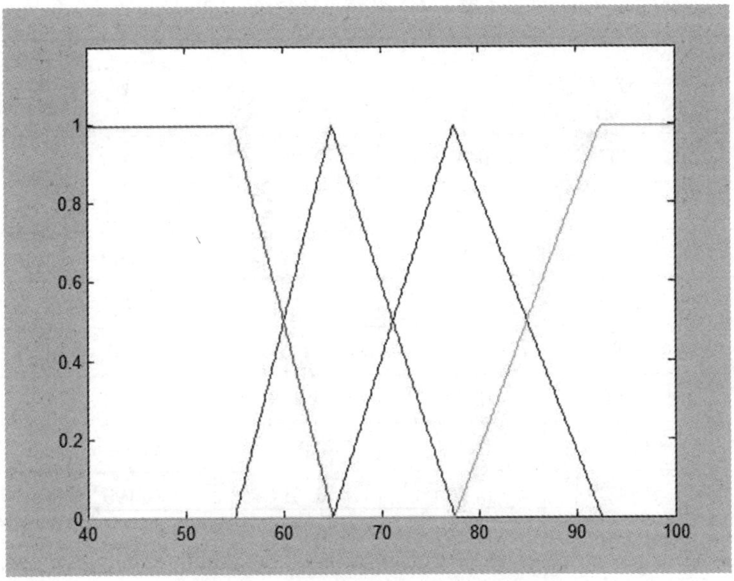

图 3-11　基于指标 1 的白化权函数

同理得到基于"操作实务类"指标和"业绩成果类""绩效表现类"指标的白化权函数。第 i 个员工的第 j 个指标的状态值为 x_{ij}（$i=1$，2，3，4，5，个；$j=1$，2，3，4），得到矩阵 A，通过 MATLAB 软件编程计算，样本值代入得白化权函数值。

（4）根据式（3-10）和式（3-11）确定各指标隶属于各灰类的权向量矩阵

$$\eta=\begin{bmatrix}\eta_1^1 & \eta_1^2 & \eta_1^3 & \eta_1^4\\ \eta_2^1 & \eta_2^2 & \eta_2^3 & \eta_2^4\\ \eta_3^1 & \eta_3^2 & \eta_3^3 & \eta_3^4\\ \eta_4^1 & \eta_4^2 & \eta_4^3 & \eta_4^4\end{bmatrix}=\begin{bmatrix}0.2418 & 0.2385 & 0.2422 & 0.2483\\ 0.2308 & 0.2477 & 0.2578 & 0.2550\\ 0.2418 & 0.2385 & 0.2344 & 0.2416\\ 0.2857 & 0.2752 & 0.2656 & 0.2550\end{bmatrix}$$

（5）由式（3-12）得聚类系数矩阵，并据此形成聚类（见表 3-6），该专业潜在人才分布如图 3-12 所示。其中，A 类员工，具有该类别专业的发展优势，且分析判断可知样本 2 可适当加强其项目成果实践活动，丰富业绩成果，样本 6 可适当加强技能操作的训练，并采取有针对性的培养方案来提升其整体水平，激励员工成长。B 类中的样本 5、样本 7、样本 8 可作为下梯队的培养后备，样本 5、样本 8 需加强操作实务培训，样本 7 需加强专业知识的学习和培训。C、D 类员工，需分析确定其在其他序列的优势分析结果，建议寻找更优的发展类。

表 3-6　聚类系数矩阵

样本＼灰类	D	C	B	A	判断类别
1	0.507	0.436	0.069	0.000	D
2	0.000	0.000	0.224	0.774	A
3	0.097	0.609	0.297	0.000	C
4	0.473	0.332	0.181	0.000	D
5	0.000	0.354	0.554	0.091	B
6	0.000	0.000	0.418	0.588	A
7	0.209	0.161	0.574	0.051	B
8	0.000	0.200	0.614	0.190	B
9	0.326	0.397	0.273	0.000	C
10	0.000	0.587	0.422	0.000	C

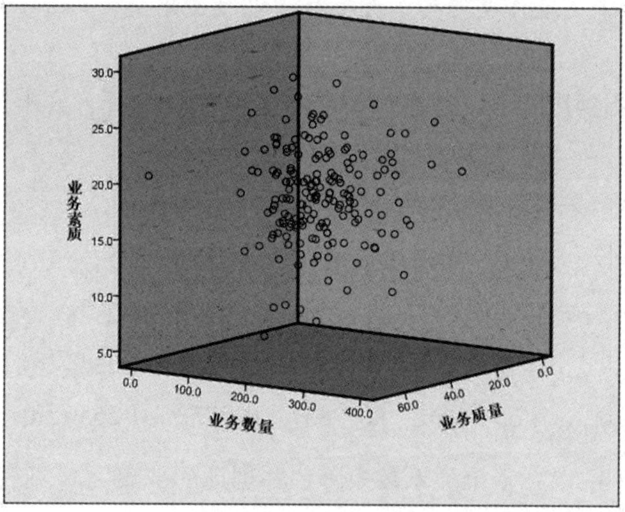

图 3-12　潜在人才分布散点图

同理，基于企业各类别人才培养目标和标准，进行聚类分析定位，为员工个人职业目标的选择提供数据支持，帮助员工明确个人发展优势，选择优势发展路径，快速成长高效发展，为企业发展提供人才支撑。

3.5 本章小结

本章主要针对企业核心员工自适应职业发展管理系统中的职业发展目标引导网络模型的设计展开了详细的论述。首先，根据企业核心员工职业发展需求，提出职业发展倒圆锥理论，分析职业发展角度，从职业发展辐射运动角度，分析影响员工履责能力的相关因素，设计“工作—标准—流程”的岗位履责基础目标引导体系，并强调设计过程全员工参与对企业隐性知识转移效应的重要性，引导员工以自我管理为主、目标引导辅助的方式提升履责能力，为未来职业发展奠定基础。其次，从职业发展垂直和圆周运动角度，分析企业发展对人才的数量和质量的需求目标及相关影响因素，设计“目标—标准—激励”的员工成长发展目标引导网络，并强调需根据影响参数动态调整维护网络标准的重要性，帮助员工了解在企业中的发展空间、发展标准以及发展后可获取的增值，为发挥员工主动性、选择合适的目标奠定基础。最后，根据目标参考模型分析构建发展定位分析模型，帮助员工预测个体在组织中的发展竞争优势和发展潜力类型，既为员工基于组织需求、设定个人目标的分析过程提供定量数据支撑，也为企业人力资源存量分析和预测奠定基础。

第4章　学习成长管理子体系

本书第三章介绍了企业如何设计员工职业发展目标引导网络，引导员工发展目标选择，并为后续员工职业发展行为校正提供参考标准，员工根据个人在组织中的优势定位分析，设定职业发展目标，并据此开展学习，努力提升个人知识、技能等水平，满足企业发展需求，实现个人成长发展。美国文化人类学家爱德华·T. 霍尔（EdwardT. Hall）（1976）在《超越文化》一书中提出“从某种程度上来说，美国正在把人类最有回报的行动—学习，转变为一种痛苦的、乏味的、迟钝的、支离破碎的、压抑思想和使心灵枯萎的经历”。而这种现象不仅仅在美国，在中国也成为一种普遍现象，企业为提高员工队伍水平，不惜重金加大企业培训投入，让员工参加各类专业培训，各种“被动培训”逐渐成为员工的压力，或引起员工的逆反心理，培训效果可想而知。因此员工学习内容是否与其目标相符、学习途径是否与内容匹配等，将直接影响员工学习的主动性和积极性，从而影响学习效率和发展速度。企业如何通过提供与员工职业发展需求匹配的学习平台，发挥员工学习成长主动性，帮助员工高效开展学习，对员工职业发展至关重要。本书认为，应基于员工职业发展目标，构建集“与成长标准对接的知识库”“工作过程中的学习平台”“成长过程辅助平台”为一体的联动学习成长体系，帮助员工定制个性化学习方案，过程指导优化，促进员工提升学习积极性、学习效率和成长速度。

4.1　自适应学习成长管理体系构建

4.1.1　核心员工学习特征研析

核心员工区别于普通员工的工作、责任等特征，决定其学习内容主体和学习方式的差异性，从核心员工工作要求和成人学习角度，将核心员工学习成长特点归纳为以下六个方面。

（1）独立自主的学习心理。员工作为成人，与学生学习具有显著差异，其具有独立自主的自我概念。在学习过程中，员工的自主性和独立性将在很大程度上取代其对教师的依赖性，更愿自己选择学习内容、制订学习计划。虽然在个别情况下还需老师指导和帮助，但在主导的心理需要上，更倾向于独立自主的学习方式。

（2）生活经验为学习提供了丰富的资源。员工自身的经验，就是一种学习资源，既可以被自己利用，也可被别人利用，个人自身积累的经验与学习过程中获得新知识和新经验结合，可使学习更高效有意义。但同时因其经验，可能具有某种固有的学习模式或习惯性的学习方式，可能会对学习产生较大影响。

（3）学习目标与其企业角色密切相关，以解决工作实际问题为核心。员工学习主要为提升履责能力和持续的职业发展，学习内容与工作实际相关，即学习更具有针对性和实用性，学习内容也更容易被理解和应用，属于典型的“学以致用”型。

（4）内在动机驱动。员工学习根据其工作和生活的实际情况和需要进行优化调整，使自己能够与生活、工作、发展的企业和社会相匹配，这种保持平衡是其内在学习动机。

（5）工作学习矛盾突出。员工需在工作、家庭之外挤出时间学习，时间的有限性决定其对学习效率的要求较高。

（6）学习需求多样化。不同员工在不同的岗位、不同的发展阶段所需学习提升的内容不同，因此其学习需求呈现“小批量、多规划、多品种”特点。因此其学习课程无法像学生课程一样大批量、统一目标、统一规划安排。

4.1.2　员工学习路径基础研究

4.1.2.1　基于组织知识理论的学习路径研究

企业的知识存量和结构，将直接影响未来企业可能获得的发展机会和拥有的市场客户资源等，且决定了企业内部资源效能的发挥程度。知识成为企业提升竞争力的重要资源，知识的转移和共享学习成为企业增值和员工成长的主要手段。其中显性知识的转移可通过标准、操作规程、教材、课程培训、视频等多种形式共享和转移，而隐性知识则不容易以文字、语言、图像等形式扩散，且大多是无序地分布在个体大脑中，属于其个体拥有的知识，当然也是源于个体的知识背景、学习工作经历、所处的环境等，例如隐性的工作技巧、处理问题的诀窍等。企业核心员工的特征，决定了其承担技术创新、管理创新、产品创新、服务创新等核心责任，且其在工作过程中所需具备的态度、价值观、技能等潜在劳动形态也和其劳动价值一样不易测量，这些决定了核心员工所需知识主体并非显性基础知识，而是隐性知识，因此隐性知识的分享、转移和内化对于企业核心员工职业发展过程至关重要，也是学习成长的难点，并将直接影响到企业员工知识的分享、掌握和提升。为此，企业需建立知识共享、转移、内化平台，帮助员工学习成长，设计思路如图 4-1 和图 4-2 所示，并从以下四个角度展开分析。

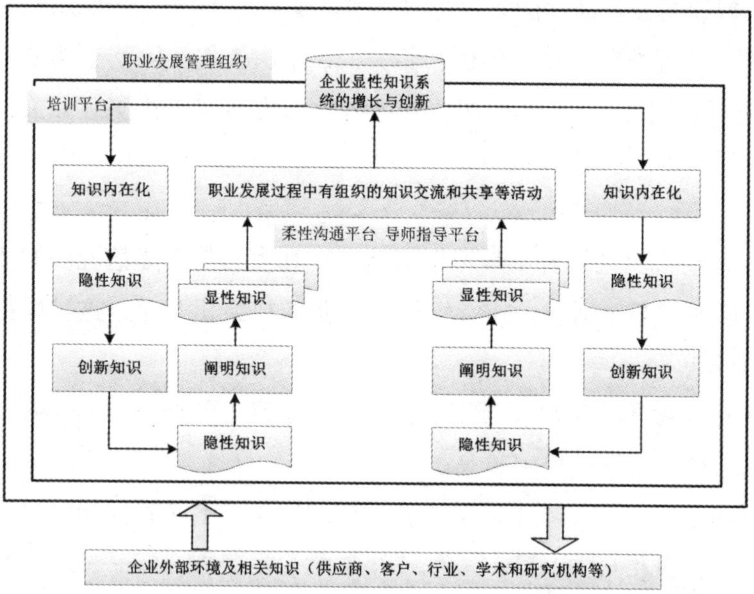

图 4-1　以职业发展系统为平台的隐性知识与显性知识转化过程

（1）隐性—显性的转化过程或活动。这是耗时耗力、组织难度大的工作，如何激励员工在工作之余，将过程积累的工作方法、经验等总结分享成为隐性知识转化为显性知识的难点，可采取以下几种方式：在岗位履责目标体系的制定过程中，引导员工全体参与，根据对岗位工作的认识、经验、知识背景等，对岗位履责过程中需开展的具体工作任务、需注意的关键工作节点、参考标准、工作流程等，整理总结撰写形成《岗位履责指导书》；在发展目标体系的制定过程中，引导员工全体参与，梳理岗位任职资格条件，并基于个人工作经验或管理经验等，将其转化为岗位胜任标准，并分析该标准需匹配的学习途径、周期等，形成《员

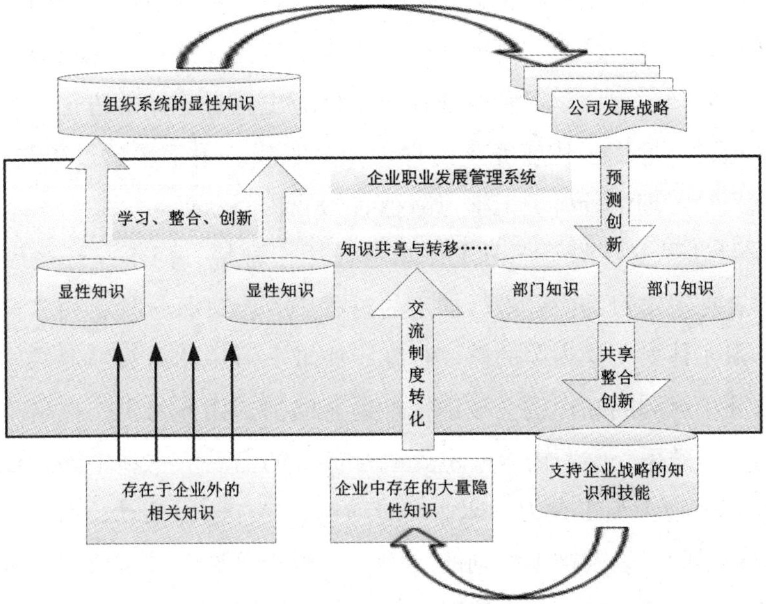

图 4-2　职业发展管理系统为平台的企业知识共享、转移和整合的过程模型

工发展指导书》，整理、集成、提升、整合，在梳理、完善、动态更新的过程中，将隐性知识转化为显性知识，并很好地传递、共享、学习，从而加快企业人才培养进程，提高企业知识存量。

（2）显性—隐性的实践深化过程。员工学习显性知识，并应用于工作实践过程中，并基于个人特质和工作情况，不断地领悟和创新，获取新的隐性知识。

（3）隐性—隐性的创新提升过程。员工在工作、学习问题的讨论、解决的过程中，实现隐性知识的整合和创新升华。

（4）显性—显性的培训学习过程。基于企业战略发展和员工职业发展目标，员工在课程式（培训）、文字式（书本自学）、视频式（工作步骤演示）等各种形式的学习课程中吸收显性知识并提升。

4.1.2.2　基于工作相关学习理论的学习路径研究

Kolb（1984）提出经验学习理论（Experiential Learning Theory），认为学习应被看作一个过程而非结果，学习是根植于实践的持续的过程，学习过程要求用辩证的方法来解决相互对立的适应世界的方式之间的冲突，学习是一个适应世界的一体化过程，学习涉及人与环境的交互，学习是一个创造知识的过程。建构主义学习理论是继认知主义之后学习理论的又一场重大变革。早在 1972 年，瑞士心理学家 Piaget 提出建构主义学习理论，Bruner（1983）和 Vygotsky（1978）等在其基础上，从认知结构的性质与发展条件、个体主动性在建构认知结构过程中的关键作用，以及认知过程中学习者所处社会文化历史背景作用等方面，丰富和发展了建构主义理论，形成了比较完整的理论，为实际应用于教学过程创造了条件。根据建构主义学习理论分析员工学习路径有如下几个方面。

（1）学习过程主要源于学习主体本身作用于环境，而不是环境引起人的行为，即学习者在对学习的内容进行加工的过程中，会进行选择，而其选择的标准则取决于学习主体对所学内容的需要程度。如果学习主体认为学习内容是没有意义的，那么其接触到的知识就会被选择性地忽略掉。由此可见，在员工学习过程中，为提高学习效率，学习内容一定要适合员工的需要。一项中国在职人员的调查表明，有 80% 以上员工是为了职业发展动机而参加学习活动，而传统的培训活动的提升效果不明显以及被动培训的压力，都源于培训非员工所需，员工不明白参加培训的目的，培训成本大量浪费。充分说明培训内容需根据员工职业发展的具体需求制定，方能高效。

（2）学习者是意义的主动建构者，培训效果若想提升，就必须对学习主体深入了解。成人学习专家诺尔斯研究表明，成人的学习主要以自我为导向，他们具有独立的自我概念并能指导自己的学习，他们会根据个体经验、所处环境等，决定自己参加什么类型的学习活动并约束学习过程。因此在培训学习过程中，需发动员工主动性，根据个人职业发展目标，选择合适的课程内容、学习途径、学习时间、周期等，促进其在学习过程中主动投入、实现提升自我的目标，对学习过程进行良好自我控制和管理。

（3）学习者是学习过程主体时，也强调了老师的指导作用，其有控制、管理、帮助和指导的职责，通过培训者的引导来帮助学习主体掌握、建构、内化知识内容。因此，员工学习成长过程中，需引入直接上级或职业导师对员工学习过程指导帮助、反馈指引等，来帮助和促进员工学习。

（4）在知识传授的过程中，要搭好学习的“支架”。也就是要在指导者协助的基础上，理解学习主体的知识水平结构，以及与所需的知识之间的差距，从而确定学习的切入点，通过学习，可消除这种存在的差距。因此，在员工学习成长过程中，需周期性地采集员工成长状态信息，判断员工能力水平与发展目标之间的差距，反馈给员工作为学习切入点，有针对性地开展学习，而非一概而论，全面灌输。

(5) 学习者与周围环境的交互作用，对学习内容的理解有关键性作用，这也是此理论的核心之一。为加强意义构建，需促进学习者之间的协作、沟通、交流等，意义是通过两个或多个人的协同努力而获得的。因此，在员工学习成长过程中，基于其独立性特征，要从企业机制建设上推动团队协作沟通式学习，如建立柔性的团队学习沟通流程、团队发展讨论会议、学习成长讨论会等团队学习途径，在团队互动过程中，互相理解对方的意见和好的想法，找到问题解决方法，改进工作方法等，为员工提供工作过程中的学习平台。

自我指导式学习（Self-directed Learning）理论，认为学习者自主确定学习内容、时间及如何学习，并评价学习效果的过程，其是指学习者从积极的学习结果中受到激励，承担个人责任和共同控制认知与情境的一种方法，且在企业应用中效果显著，被认为是非常有效的学习方法，且能降低 35% ~50% 的学习成本（Piskurich，1993）。工作相关学习（Work-related Learning），是基于提升工作绩效和工作能力的目标，围绕具体工作，在别人指导或自我指导下进行能力和知识的获取过程。不仅包括正式的培训指导，也包括工作过程中的自我学习。工作情境中的学习（Workplace Learning），则指在工作环境之中，个人或者团队为了达到目标，而获取、解释、重新组织、改进和吸收某一系列相关的信息、技能、知识或感情、价值观等的过程，包括正式、非正式或偶然性的学习活动。基于以上理论研究发现，在工作过程中自我总结思考计划、自我评价、和团队成员互动学习、知识经验分享、吸收内化等都是工作中学习的重要路径。

4.1.3　自适应学习成长管理体系

基于以上员工学习特点和学习路径研究，本书从知识学习、工作学习、指导学习角度，分析构建学习成长管理体系，有效支持员工学习成长过程，以促进员工学习内容与发展标准匹配、学习路径与学习内容匹配，主要内容如下。

(1) 从员工适应组织未来发展需求角度。根据未来人才需求和岗位胜任所需具备的知识、技能等，对接配置学习库，为员工提供学习资源，员工可根据个人发展目标定制学习课程，并开展学习，可有效提高企业学习资源利用率，且将员工被动培训转化为主动申请学习，提升员工学习主动性和积极性，提高学习效率。

（2）从员工适应团队工作需求角度。设计柔性团队沟通学习流程，通过团队沟通、知识分析、知识转移、自我评价、学习提升过程，促进工作过程中的隐性知识的分享、传递和转移，提升工作过程中的学习效率，促进员工学习成长发展。

（3）从员工适应个体发展目标要求角度。设计成长与培养联动的导师指导机制，为员工配备职业导师，为员工提供个性化的成长发展指导，指导员工优化调整学习成长方案、成长路径等，帮助员工及时纠正发展行为偏差，高效学习成长。

4.2 目标网络引导下的定制式学习库

4.2.1 基于成长标准的学习定制

“定制”一词源于萨维尔街，意思是为个别客户量身剪裁。而学习定制则是为向目标岗位发展的员工构建学习库，通过学习库员工可定制个性化的学习内容和课程，实现高效学习。企业核心员工在职业发展过程中，需不断学习成长提升个人能力水平，以满足发展目标标准要求，并将职业发展目标与个人实际能力差距作为具体参考标准，制订学习成长计划。因此本章将员工职业发展目标岗位任职标准要求与员工实际水平之间的差距，定义为“成长标准”，作为员工后续学习成长的参考标准，据此对接形成学习库，为员工提供学习资源，定制学习课程。

在学习库构建初始，需思考“什么是企业发展目标”“为了实现发展，员工需达到什么胜任标准”“员工成长状态与目标标准差距在哪里”“员工在缩小差距的过程中需学习哪些内容，即如何帮助员工弥补差距”等，在思考和回答以上一系列问题的过程，也是企业学习库的内容需求分析过程，如图 4-3 所示，只有学习资源始终服务于组织发展目标和员工发展目标，才可提高效能。因此企业需将岗位胜任标准对接转化为学习需求，即在对工作胜任特征认定和分析的基础上，判断员工是否需要通过学习达到该标准、需要什么内容的学习、以什么样的方式学习最合适等，形成全面的学习库，为员工的成长发展提供学习成长平台。

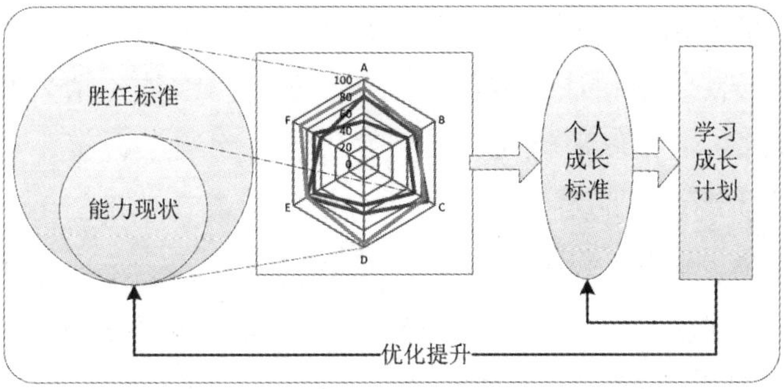

图 4-3　成长标准与学习需求对接分析模型

基于履责目标引导体系和发展目标引导网络，分析目标岗位成长标准对应所需的学习内容，整合分析形成以成长和发展为目标需求的学习库，对接原则如下。

（1）同类合并，确定通用的基础学习内容要求。从行业特色或企业特色的角度，分析岗位员工需掌握的通用的、基本的知识要求。例如，金融行业全体员工均需掌握的金融行业政策、从业所需的基本业务知识、相关法律法规、从业人员职业操守等；再如，电力行业员工均需掌握的安全生产知识、电力法规等，整理形成企业内通用基础知识库，作为“专业基础课程”。

（2）纵向比较，确定同类培训内容的不同层次要求。从职业发展序列的层次角度分析，不同岗位/工作员工对同类内容掌握的层次要求差异。例如，电厂检修序列中不同层次的检修助理工程师、检修工程师、检修高级工程师，需掌握电厂设备检修实操技能的要求深度差异，面对同样的设备范围，一般要求助理师可对简单问题处理，工程师需负责一定范围设备的问题处理，高级工程师则需对设备的复杂问题提出处理方案，并可指导处理过程等。针对这些不同层级差异性的胜任标准要求，可配备内训师或外部专家培训，分层开展，充分利用内部学习资源，节约成本，作为“专业必修课程”。

（3）横向补充，确定相关专业岗位知识扩展需求。从一专多能的角度，分析确定如果掌握相关内容可能对本岗位工作胜任程度提升有助的内容。例如从事薪酬管理工作的员工，若掌握绩效管理工作相关知识，将更有利于将绩效与薪酬联动，将薪酬体系激励职能发挥得更好。如此横向分析，理出相关岗位员工所需掌握的同类知识，整合学习资源，作为“专业选修课程”。

同时学习方法的选择是否合适，将直接影响到员工学习效率，常用可选的学习方法有课堂讲授法、研讨法、案例研究法、角色扮演法、情景模拟法、商业游戏法、T 小组训练法、拓展训练法、自我培训法、网络平台等。基于人才培养目标，在成长标准和培训需求对接基础上，分析确定最合适的学习方式，如表 4-1 所示，操作技能类，可优先采用实际操作演练的方式，或可通过仿真机、现场模拟训练等多种方式补充培训，相比传统的检修经验讲解方式则更易被员工掌握。如此分析形成学习方式建议，供培训师借鉴采纳，供课程配置参考。在此基础上，以“大规模定制”的理念，整合同类、分析差异特点，为员工定制学习课程，建立网上课程平台、内部培训课程、外部专家课程、轮岗学习机制等各类学习平台，供员工学习选择，帮助员工高效学习、快速成长。

表 4-1　培训路径分析

模块	标准类别	培训途径
应知	必备知识要求	自学或内训或外训
应会	操作实务要求	自学、演练、模拟、仿真机
工作实例	工作经验	轮岗、挂职锻炼
	项目经验	研究课题组织

在以上学习内容对接、梳理、确定的基础上，还要从高效性、战略性和激励性的角度去完善和动态维护学习内容。企业业务发展具有战略规划性，因此人才的培养也需具有战略规划性，不仅面向目标的需求，还应根据企业战略目标，规划未来人才需求，分析未来发展胜任特征，并据此开展学习库的完善，方能持续支持员工学习成长。在目标网络引导的基础上，让员工看到企业需求，引导员工不断学习发展，激发员工内在驱动力，制订发展目标和具体为实现目标所需的学习计划，让学习从任务转化为需求和帮助，提升员工学习效率，并应用于工作过程中，推动企业整体绩效的提升。且可在学习过程中对表现优良的员工进行奖励积分，全方位激励学习效果提升。过程评估员工能力水平，反馈指导员工学习，与发展晋升联动，激发员工学习热情。

4.2.2　实施保障措施

（1）员工参与。员工需参与到胜任标准与培训需求的分析对接中，作为胜任者最了解岗位胜任标准和能力需求，要参与开展胜任标准的梳理、对应的学习需求和学习路径的对接梳理，选择最适宜岗位需求的学习内容和学习路径，为员工发展提供标准和参考，将隐性知识转移为显性知识，为企业搭建学习平台奠定基础，促进企业知识存量的快速提升。

（2）动态优化。传统的企业培训体系主要由企业各层级自下而上地报送培训需求，汇总形成培训计划，其缺乏从上而下的战略分解、目标引导、层级差异以及扩展分析。本书提出的基于“成长标准”的培训体系构建（见图 4-4），是建立在发展目标岗位的胜任标准以及人力资源队伍现状水平的基础上，同时强调当企业业务发展对机构、岗位设置、岗位工作和责任产生影响时，其岗位的胜任标准也会随之变化，此时培训体系需随之调节。当一定培养周期后，企业人才存量的变化对岗位人才需求发生变化时，也需随之联动调整，确保学习内容与企业发展的人才培养需求相匹配，以可持续地适应员工职业发展过程中的学习成长需求，推动员工快速高效成长发展，支撑企业可持续发展。

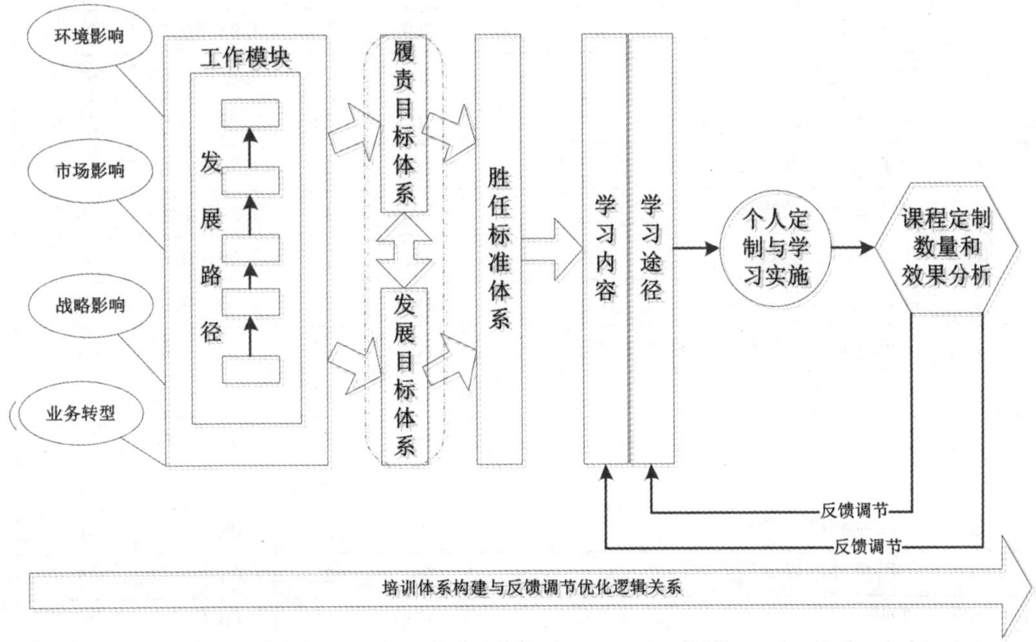

图 4-4　基于成长标准的自适应培训体系动态管理流程

4.3 团队柔性沟通学习成长平台

企业员工学习途径有多种，包括自我总结思考的自学、与他人一起的互动学习、从工作中的反思学习等。不同的学习路径，学习效率不同。有学者对企业中学习路径的认识程度和使用频率进行了调查研究，统计结果如表4-2所示，可知“自我分析和反思”“同经验丰富的同事一起工作”“自己阅读专业期刊和书籍”“干中学”“尝试和指派新的工作任务”五种学习路径的重要程度得分较高，工作中70%～80%能力都来自工作过程中的学习。

表4-2　学习路径应用比例及有效性调查结果

序号	学习路径	样本调查量		中值	标准差	应用比例（%）
		有效样本量	缺失样本量			
1	自我分析和反思	212	12	4.49	0.70	95.5
2	同经验丰富的同事一起学习	216	8	4.34	0.70	70.1
3	自己阅读专业期刊和书籍	212	12	4.12	0.81	91.5
4	干中学	201	23	4.00	1.06	75.5
5	尝试和指派新的工作任务	207	17	3.94	0.74	80.5
6	以团队的方式工作	203	21	3.82	0.95	69.9
7	企业外部培训	200	24	3.64	1.03	51.5
8	企业内部培训	203	21	3.58	1.08	64.9
9	直线管理者的指导	207	17	3.54	1.16	70.1
10	小组和项目会议	202	22	3.50	0.95	69.8
11	特殊的工作任务项目	198	26	3.50	0.96	45.5
12	共同兴趣者形成的非正式学习网格	202	22	3.47	1.03	44.3
13	在指导别人中学习	199	25	3.38	0.98	58.3
14	组织外部的各种学术及研讨会	198	26	3.31	1.08	35.1
15	工作轮换	195	29	3.21	1.00	37.5
16	导师制和榜样学习	198	26	3.08	1.19	31.3
17	向楷模和榜样学习	201	23	3.04	1.14	44.9
18	借调	188	36	2.60	1.11	20.3

基于以上调查数据对比分析，可知工作中的学习是员工学习成长和提升个人发展能力的重要途径。因此，从企业员工发展的角度，企业需采取组织措施，将员工工作学习需求整合，将学习嵌入工作过程中，为员工学习创造条件，从而实现组织整体学习。本书提出集以上工作中重要的学习途径为一体，从组织的角度干预和支持的方式，设计辅助员工成长的“柔性沟通学习流程”，为员工提供在工作中学习的机会和平台，帮助员工高效学习、成长，并获取发展。

4.3.1　团队柔性沟通学习流程

著名的教育家苏霍姆林斯基说过“人生的真谛，是在于认识自己，而且是正确的认识自己，自我教育正是从这里开始的”，即通过自我肯定和自我否定，随之产生满意和不满的心理，进而可以促进个体阐述一种主动的改进、自我提升、发展的愿望。社会学家利伯曼（M. Lieberman）提出专业工作者“无论个人、集体，均具有广泛的自律性”，在专业的自律性范围内，直接负有作出判断、采取行动的责任，员工的“自我评价”，则是这一特点的要求。可见，在员工学习提升个人能力水平的过程中，员工自我总结和自我评价式的学习方式具有重要作用。在自我评价的过程中，员工回忆过去、梳理总结、发现问题和亮点，这正是无序的隐性知识的梳理过程，对员工后续改进具有非常好的指引和促进作用。当然自我评价不可避免地会带有个人主观色彩，为保证其准确性和客观性，其直接上级管理者可协助其自我评价，了解其评价的依据，并给予判断和指导。因此，本书提出在团队工作学习过程中，设计以员工“自我评价”为主体的团队沟通学习流程。自我评价是指个体对自己的状态进行比较所做出的价值判断。从心理学观点，“自我”是对个体自己的了解和行动倾向。“自我评价”是个体对自己的生理或心理的判断。员工通过自我评价，即可以理解现实的“我”和理想中的我的差距，并主动据此开展后续学习、改进和提升。

积极心理学研究发现，无情的批评往往使我们出于自卫而固执己见，或者更糟糕的是让我们变得绝望，令我们不会改变。然而，当发现自己最好的部分时，当有具体的方法可以更多发挥优势时，我们反倒会作出改变。只有感到有安全感，我们才能放下戒心，听取批评，并创造性地采取行动。这与洛萨达比例有关又称“洛萨达线”，即当积极与消极的比例大于 2.9∶1 时，公司就会蓬勃发展；低于这个比例时公司的经济就不好。基于以上理论分析，本书提出“积极评价法"，即采用"A、A+、A++"评价等级，并强调直接上级在绩效点评过程中需开展"亮点点评"，着重分享团队中优秀事件、卓越的成果、好的工作方法或是某方面小小的改进和创新。即便是负面反馈，也要是关于员工可控行为的反馈，如此可促进团队的积极向上、员工主动学习成长。

团队柔性沟通学习流程可从沟通前的自我总结与评价、会中团队沟通学习、会后完善应用三个部分开展，如图 4-5 所示，具体步骤阐述如下。

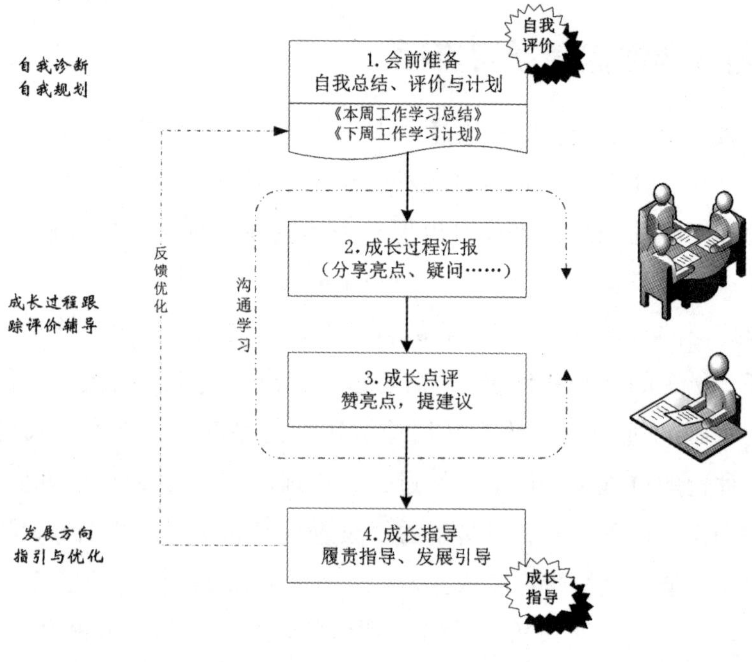

图 4-5　辅助员工学习成长的"团队柔性沟通学习"流程图

第一步，发挥员工主观能动性，开展"自我分析"和"自我评价"。员工根据本周工作和学习情况，结合履责目标体系引导要求和个人工作过程中遇到的问题、难点等，进行回忆、梳理和总结，并参照标准进行自我评价，在评价等级（A/A+/A++）基础上，填写自评理由说明，即对于做得好在哪里，做得不好的问题点在哪里，以及学习收获等，这是一个分享知识、转移知识、提出问题的过程，为后续通过讨论、改进提升奠定基础。同时制订后续工作和学习改进计划，填入表 4-3。

表 4-3　团队柔性绩效沟通表

（一）总结部分							
分类	工作内容	要求完成时间	完成情况	自我评价（A/A+/A++）		上级修正与指导意见	总评等级
重点工作							□A □A+ □A++
常规工作							
临时工作							

（二）计划部分			
分类	工作内容	计划完成时间	需配合协调内容
重点工作			
常规工作			
临时工作			

第二步，召开学习沟通会议。在上级管理者的指导协助下，准确分析自己的履责表现与成长过程，开展沟通汇报和问题反馈，对于自评为“A++”的工作情况进行详细汇报，分享好的方法和成果。在沟通、分享、问题讨论的过程中，找到值得学习和改进方面。中层管理者协助点评和指导，指出亮点，树立标杆，激励优秀的员工分享先进经验，将这些高绩效、快速成长的员工所具有的隐性知识以及个人工作管理中获取的隐性知识，通过实际工作案例转化为显性知识，分享给员工，并根据员工工作过程情况，提出改进建议和措施。从预前控制的角度帮助员工明确未来还需努力完成和学习改进的方面，根据企业高层领导要求分析拆解安排下周工作和学习计划，强调工作重点和履责关键点，帮助员工理顺思路，提高效率。

第三步，员工成长记录与应用。员工在工作学习过程中形成的基础评价数据，可作为薪酬绩效联动分配的依据，不仅可作为绩效改进的依据，还可让员工相信努力和成长可以反映到绩效中，相信高的绩效可以带来高的报酬，激励员工不断学习改进成长，还可作为后备选拔和职业发展晋升的参考依据等，作为员工成长标准制定的基础数据。让优秀员工从物质、精神、长远发展等多个方面得到激励，对优秀的文化、知识、方法和成果等，周期性的及时给予认可，形成“尊敬人才、肯定人才”的良好的文化氛围，激发员工工作学习积极性。

对于尚未解决的问题和难点，可通过专业研究小组的形式，就当前某个工作难题、流程优化等有意义的工作，开展专题学习研究，延续学习的过程，给予员工自由学习的空间，发挥员工主动性。

4.3.2 实施保障措施

（1）工作学习目标管控。可根据部室重点工作、部室督办工作落实、业务流程环节落地、岗位职责等，制订工作学习目标计划，且区分“重点目标”“常规任务”，且计划和目标制订需“具体”“可衡量”“可实现”“时限明确”，方可有效指导员工的后续工作和学习行为，管控指导员工工作学习目标。

（2）正向引导。基于积极心理学理论，评价过程要尽量突出表现好的人和事，正向引导，鼓励员工将经验和创新点分享给团队，如通过某个小制度、小流程优化或合理化管理建议，解决长期存在的问题，促进成本控制、效益提升或部室内管理提升等，从而促进隐性知识的分享、转移。对于频繁出现的工作问题点和学习成长状态不佳的员工，给予重点关注和指导帮助。

（3）信息化辅助。借助信息系统，融入沟通学习理念和方法，开展工作学习内容总结和计划，在线积累员工工作绩效数据、学习状态分析以及知识储存，累计体现员工对企业的贡献，为员工学习计划、选拔晋升等提供数据支持。

4.4 学习成长过程引导与辅导机制

4.4.1 职业导师引导机制

建构主义理论指出，学习者是主体，但需指导者协助客观认识差距，开展过程控制，通过指导帮助学习者更好地掌握、内化、建构知识。而这里提到的指导关系，早在中国古代就以“师徒制”的形式普遍存在。师徒制是中国传统工艺流传的主要途径，是木工、铁匠、武术、说唱、缝纫、刺绣等传统工艺的主要传播方式，通常师傅年长，并拥有某种技能，通过一对一的方式将个人经验和技能传授给徒弟，这个过程不仅是知识技能的继承，也是精神文化的传承。中国人历来以能够拜大师做师傅为豪，甚至有着“一日为师，终身为父”的文化传统。“师徒制”实质是一个“看中学”“做中学”的过程，其将知识学习和知识的实践应用结合为一体，一边做一边学，一边做一边教。

国外也对这种关系研究非常关注，Levinson（1987）首先开启相关研究，认为指导对年轻人的工作认知和职业发展有重要作用。指导关系是一种强烈的人际互动关系，它存在于一个资历较深的员工（指导人）与资历较浅的员工（被指导人）之间，在这个关系中，指导人为被指导人提供不同性质的指导，帮助被指导人在复杂的工作环境中掌握工作技能，获得职业发展（kram 等，1985）。Donald-sonetal（2000）从社会学习角度来解释指导关系，认为被指导人通过观察、模仿指导人的行为，学习工作技能和人际技能、灵活掌握各种规则和策略。Burke 和 Collins（2001）研究认为，导师制能帮助员工尽快适应工作、增强职业满意度，影响主观职业成功。指导关系可增加被指导人工作的满意度、自我效能、职业生涯发展，并降低角色压力（Scandura，1996；Baugh，Lankau）。正式和非正式的指导关系能够帮助员工尽快适应工作、增强他们的职业满意度（Bozionelos，2003）。

随着市场竞争愈演愈烈，“师徒制”在“教会徒弟，饿死师傅”的潜意识下，以及缺乏规范性和制度性等原因，无法适应现代组织形式，逐渐被摒弃。近年来，国内企业纷纷引入西方的指导关系，即导师制。然而，目前我国企业导师制的探索和实施过程中存在很多问题，如导师不愿带、员工不愿跟，担忧“教会徒弟，饿死师傅”，或导师带不好、员工跟不好，担忧带的徒弟不努力，其能力水平影响个人声誉等。因此，本书提出构建成长发展联动的导师指导机制，即指企业内部经验比较丰富，或者业务技能水平较高的业务能手、技术专家等，与新员工或者具有潜力成为核心员工的员工建立指导关系，联动管理导师个人成长与被指导员工的成长，在赋予导师管理责任的同时，给予其指导激励，鼓励越来越多的导师，帮助员工高效学习成长。本书提出的“成长联动指导制”具有其独有的特点。

（1）赋予核心员工关注企业人才梯队建设、培养人才、储备人才的责任，鼓励核心员工担当导师，并将成长指导责任和个人成长发展联动，同时给予其系统性、专业性的培训机会，提升其管理、指导和人才培养的能力及专业性，帮助其成为一名更专业的指导老师。激励核心员工在提升个人综合素质和竞争力的同时，积极为本专业培养后备人才、培养优秀的徒弟、为企业的人才队伍建设共同努力。

（2）在赋予指导老师责任的同时，给予其对员工成长状态反馈、评估的权利，且作为专家小组成员，参与培养方案和培养方式优化、人才库建立及周期性的员工成长状态评估。

（3）通过评估，将被指导人的学习成长效果转化为可量化的成长积分，纳入职业发展资格条件，同时纳入指导老师提供的周期性的学习成长鉴定，作为员工发展的基础依据，激励员工积极学习、努力成长。

（4）通过指导价值差异，规范导师的管理，给予优秀导师或为人才队伍建设做出突出贡献的导师荣誉称号、薪酬待遇等。同步跟进导师考核，约束导师，促使其认真履行指导责任。改良传统师徒制的不规范性，通过制度平台给予组织干预，提升指导水平。

（5）通过员工成长评估制度，过程及时反馈成长状态，帮助员工了解自己的差距，并作为切入点，有针对性地指导员工成长，形成良好的过程管控。

本书构建的指导关系，可解决知识学习与实践应用脱离的问题，指导人可在工作的过程中指导，进行知识和技能传递，并在安全条件允许下，给予被指导人一定的工作实践辅助机会等，给予员工实践提升的机会，帮助员工快速成长；相比柔性沟通学习途径，则更偏重于关注员工未来成长发展目标，指导员工制订成长计划，帮助员工发展。特别是针对有跨专业序列的横向发展目标的员工，如从财务序列想要发展到信贷序列，或者从技术岗位想要发展到专业管理序列等，其更需要发展目标序列的专家作为指导人，给予该序列所需的技能提升的指导和实践机会，以便高效掌握与现有岗位工作差异较大的知识、技能等，全面帮助员工成长和发展。

根据导师分级和被指导岗位的不同，职业导师的资格要求有所不同。一般情况下，员工职业导师（职业生涯指导人）应由被指导员工的直接上级，或本专业领域的技术带头人、业务骨干和管理能手等专家级人才，或比被指导人专业层级高的岗位任职者担任。企业可挑选中、高级以上技术职称，或企业公认的技术、技能、管理专家及能手；责任心强，能够站在企业层面考虑问题，乐于为其他员工提供帮助；善学习，会总结，有较强的沟通能力，能给被指导人提供清晰的讲解和说明；熟悉被指导员工目标岗位的工作流程、岗位职责、绩效记录、职业目标、发展需求等，作为员工的职业导师。

职业导师可分为一级、二级、三级，一级为最高，除指导员工外，导师队伍自身可以“一级带一级”，建设合理职业导师梯队，形成专业团队。导师等级不同，其目标要求和资格要求不同。根据职业导师年度考核结果，进行动态升降级。根据职业导师基本任职要求和企业管理需要，公布职业导师资格选拔条件，进行职业导师资格的公开选拔。可通过个人自愿报名、组织推荐和领导保荐等多种方式选择合适的职业导师。对于连续两年无人选择、所指导员工连续两年考核不合格、被指导员工出现重大工作失误、违章违纪情况的职业导师，注销其职业导师资格；企业需每年根据各专业实际，制订导师需求计划，据此组织开展职业导师资格选拔工作。

在职业导师动态管理的基础上，企业需为导师提供专业培训平台，帮助提升职业导师队伍的指导水平及职业发展相关知识，提升人才培养指导质量，激励导师在履行人才培养责任的同时，提升人才培养水平、管理水平和个人竞争力。

4.4.2　学习成长过程指导与调整辅助

在员工职业发展过程中，为员工匹配合适的导师，并加强导师的动态管理。规范导师对员工学习成长发展过程的专业指导，有助于帮助员工快速成长和发展，如图 4-6 所示。

（1）明确导师的职责和本专业范围内的后备人才培养责任，导师可根据个人专业优势，选择以该领域为职业发展目标的员工，作为职业指导对象。

（2）负责与被指导员工就企业发展前景、战略目标、员工职业生涯发展进行充分沟通，帮助被指导员工认清形势，认识自我，在职业发展目标网络引导下，明确个人中长期及短期职业发展目标，并制订职业发展计划和阶段性成长计划，结合员工特点，协助定制匹配的学习课程，形成具体的成长计划，从而实现职业发展目标的分解落地。

（3）在成长计划实施过程中，根据企业战略重点和目标岗位对员工核心能力的要求，系统、有针对性地向被指导员工讲解履责重点，分享经验，以老带新，

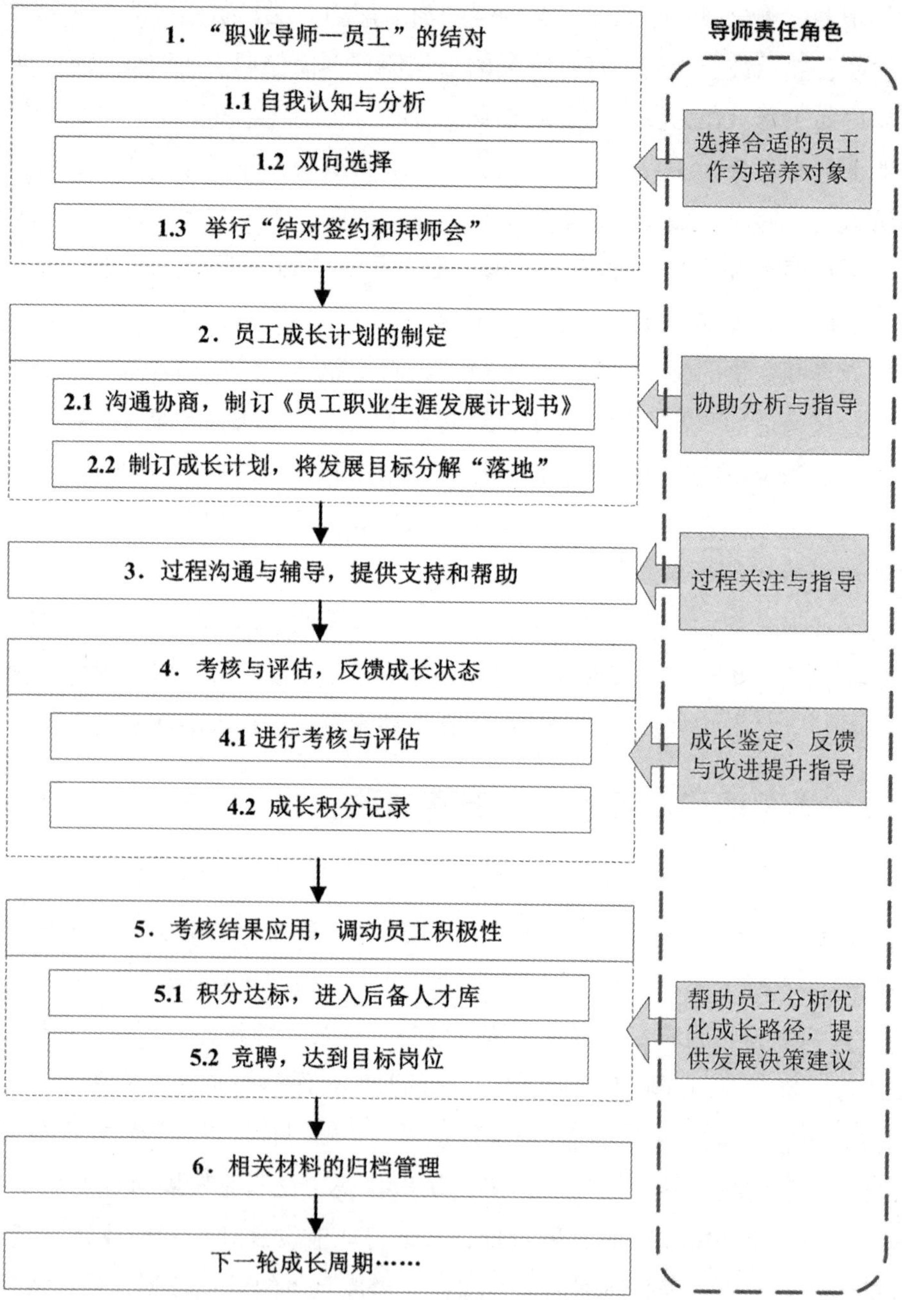

图 4-6　基于职业导师制的员工成长管理流程

及时解答被指导员工的专业问题与疑惑；导师需结合目标岗位要求和被指导人自身特点，了解被指导员工思想动态和发展愿望，及时给予发展指导，帮助其校准定位，确保被指导员工的职业发展与企业发展需求相一致；定期与指导对象进行沟通，了解近期学习情况、收获、存在的问题以及需要帮助的方面，并给予指导和反馈，帮助员工明确自身实际水平与职业发展目标标准要求之间的差距，分析问题根源，给予改进提升建议，并根据员工发展需求，提供一定的实践和经验积累机会，根据阶段性的知识掌握情况，协助优化调整员工成长计划，使之不断地与员工成长发展需求相匹配。

（4）定期提供员工成长鉴定，帮助员工清晰客观认识个人成长状况，帮助企业动态了解人才培养情况，以便及时给予组织支持。导师可报名参与周期性的成长状态评估工作，评估员工在本专业领域内各项成长项目的达标水平，不仅采集员工成长信息，明确员工成长状态，且重在评估过程中给予员工问题反馈、改进建议等，帮助员工明确差距和改进方向，不断地帮助员工学习成长，提升员工能力水平。

（5）在员工成长的阶段性总结期，根据其学习成长结果，结合经验，给予后续学习强化或继续改进优化成长计划的建议，帮助员工不断学习提升，缩小与发展目标要求的差距，帮助员工快速成长、实现发展。

4.5　本章小结

本章主要介绍了在核心员工职业发展过程中，如何根据核心员工学习成长特点，开展学习成长路径分析，据此选择合适的学习路径，从组织的角度为员工提供学习成长平台，帮助员工高效学习、快速发展，并提出具体方法和实施建议。首先，根据核心员工学习特点，分析学习路径有效性。其次，设计“成长标准—学习需求”对接模型，基于目标岗位胜任标准要求，形成学习库，实现员工学习成长方案的个性化定制，整合企业内部学习资源，激发员工学习自主性，提升学习效率和能力水平。再次，基于工作相关学习理论，设计辅助员工成长的团队柔性沟通学习流程，为员工在工作过程中的隐性知识的总结、分享、学习提供平台，帮助员工不断地提升工作方法和工作技能，为发展奠定基础。最后，设计符合中国企业文化背景的成长联动式职业导师指导机制，赋予核心员工人才梯队建设的责任，为有成长发展意愿、有潜力的员工配备职业导师，协助员工制订成长计划、优化成长路径等，以促进员工学习成长行为与其职业目标要求相匹配，帮助员工学习成长发展以适应企业发展需求。

第 5 章　成长状态监测反馈子体系

本书第 4 章介绍了如何为员工学习成长提供组织支持平台，在此基础上，促进员工高效学习成长。基于自适应控制理论，在系统运行过程中，会因受到各种内部和外部干扰因素，导致系统运行不稳定，即输出与目标产生误差，为确保系统输出符合要求，需设置反馈调节环节，不断地将输出与目标比较，用比较误差反馈调节系统设置参数，直至系统稳定运行。企业核心员工职业发展过程也是一个不断输入、运行、输出的过程，在其学习、成长、发展过程中，也会受到各类内部和外部影响因素的干扰，导致员工成长发展状态不稳定，发展与企业需求不匹配。为此，本书提出应为企业核心员工职业发展过程，设计成长状态监测反馈环节，动态监测员工成长状态，采集员工成长状态信息，与目标标准比较，将误差反馈到系统各个环节，作为后续员工成长发展判断决策和系统参数优化的参考依据，以促使员工成长质量不断地逼近发展目标值，促使职业发展管理系统运行稳定，实现员工个人发展与企业人才培养目标。

5.1　自适应状态监测反馈体系构建

5.1.1　监测反馈方法研究

1948 年，美国应用数学家诺伯特·维纳（Norbert Wiener）发表了《控制论》，该理论认为，一切物质存在都构成一定的“系统”，并接收、处理、传递和存贮信息，利用信息去完成动作，实现与外界的联系。反馈（Feedback）则是控制论的基本概念，其解释为“反馈是将系统以往操作结果再送入系统中去”。其特点在于“根据过去的操作情况去调整未来的行为”。通俗地说，就是指用系统活动结果调控整个系统活动过程，又称反馈控制，其作用是“改善”某个或某些受控对象的功能或发展。信息反馈是控制论的核心思想，控制基础是信息，一切信息传递都是为了控制，任何控制又都有赖于信息反馈。运用信息反馈实现控制的系统也称为反馈控制系统，是具有系统末端返回至系统前端的信息回路的闭环系统。

控制论为其他领域的科学研究提供了一套崭新的思想和技术，问世以来，其思想和方法已渗透到自然科学和社会科学的各个领域，而管理更是控制论应用的一个重要领域。从控制系统的主要特征出发来考察管理系统，可知管理系统是一种典型的控制系统，同样可通过信息反馈来揭示“成效”与“目标”之间的差异，并采取纠正措施，使系统稳定在预定的目标状态上。因此，从理论上说，控制论也适合于分析和说明管理控制问题。用控制论的原理和方法分析管理控制过程，更便于揭示和描述其内在机理。

5.1.2 自适应状态监测反馈体系

本书研究设计的企业核心员工职业发展系统符合反馈控制原理的四个方面：员工职业发展是一个综合运动过程；职业发展目标引导体系为员工职业发展提供了预定目标，员工发展过程的状态可与之相比较；企业为员工职业发展过程引入了职业导师指导团队和团队沟通学习平台，过程持续有效地提供员工成长状态数据，且职业导师为员工成长状态提供合理的评估反馈和改进建议，即为员工成长发展过程建立了灵敏、准确、有效的员工成长状态信息反馈机构；并通过学习平台的支撑和导师协助，建立自我调控、高效发展的管理机制。

因此，职业发展管理系统可应用反馈控制原理，在系统运行过程中，通过统一评估标准和专业评估团队，公平客观反馈员工的真实成长状态，并将动态采集的成长状态数据，与目标标准比较，获取偏差数据，当误差为负，反馈回路将持续强化，即在指导人的辅助下，明晰个人现实状态和目标理想状态之间的差距，据此优化调整个人的学习成长方向、学习计划和后续的学习行为，不断接近发展目标要求；当误差为正，即员工目前输出状态满足目标标准要求，则通过误差驱动，启动进入下一阶段的成长循环，建议重新设定参考模型，进入新的成长发展周期。如此循环反馈、调节适应，促进系统运行稳定。

因此，本章提出构建员工成长状态监测反馈子体系，以客观统一的成长积分标准衡量员工成长状态，并以量化的积分形式分类反馈给员工。通过量化的成长数据分析，不仅可为员工及时清晰地反馈个人成长状态、与理想目标值的差距、个人成长速度等，为发展决策提供数据支持。通过员工相对成长速度、竞争群体成长速度和状态反馈，帮助员工清晰认识自己近期成长状态以及其在发展群体中的竞争力，激励员工及时调整学习状态、持续学习成长并实现发展目标。

5.2　基于成长积分制的量化监测方法

积分制管理是指把积分制度用于对人的管理，以积分来衡量人的自我价值，反映和考核人的综合表现，然后再把各种物质待遇、福利与积分挂钩，并向高分人群倾斜，从而达到激励人的主观能动性，充分调动人的积极性。其相比非积分制，如企业绩效考核中的单项结果应用（考核 90 分优秀晋升），更具全面性，可将评估对象的各个方面以不同权重综合积分来决策，更能对人的能力和综合表现进行全方位量化反馈。

5.2.1　员工成长积分标准体系

"员工成长积分制"是指在员工学习成长过程中，基于员工成长发展目标参考模型标准，将员工发展所需满足的任职资格条件转化为成长积分项目，依据各积分项目的统一标准要求，客观评估员工成长状态，认定成长积分，并以量化积分的形式反馈员工学习效果、工作表现、团队协作等综合能力水平。

5.2.1.1　员工成长积分特征分析

"员工成长积分制"相比传统的各类评估或积分制度具有其显著特点。

相比"评分制考核"，即传统的考核方式，采取年末由管理者或 360 度评价员工表现，作为考核结果，其在结果评价期附近对员工激励程度较高，但未能及时体现员工平时各项工作和成长，成长积分制则可过程累积每项贡献和成长，及时与持续激励，且可涵盖发展目标所引导的各个方面，如绩效表现、个人学习成长、团队奖励等；相比"信用卡积分""移动积分""超市消费积分"等，其积分是将客户的用卡/消费情况按照一定的规则折算为积分，用户可以将这些积分兑换企业提供的某种业务或礼品奖励，这是企业对客户使用的一种绑定的营销手段，来吸引客户更多地消费企业产品。而成长积分则是在不同的领域，其是针对员工的成长发展水平积分，其目的是引导员工持续学习成长，其结果可应用于组织内员工选拔、员工薪酬奖励、员工晋升等员工管理的各个方面。

"员工成长积分制"相比传统的成长评价模型，具有全面性、量化性、及时性、便捷性、集成性等特征。从全面性角度，积分制可综合体现员工成长多个维度，即体现相对于员工发展目标岗位胜任特征的各个方面要求的水平；从量化性角度，成长积分制以量化的积分形式反馈，易衡量、易对比，易体现差距，将员工成长多少和快慢程度显性化；从及时性角度，员工成长积分可及时将员工成长状态依据成长标准折算体现为量化积分，及时反馈和激励员工成长；从便捷性角度，量化积分可灵活应用于绩效薪酬、福利分配等，将分配比例与量化积分挂钩计算，快捷方便。从集成性角度，相比传统成长评价体系的一次性、主观评价反馈，成长积分制可集成员工成长过程信息和成长阶段性的考核评价信息，可集成定性的语言评估信息和量化的考试成绩信息，即将不同时段、不同形式的成长信息累积综合反馈员工成长状态。

5.2.1.2 成长积分标准设置原则

成长积分标准的制定有利于合理使用劳动力，促进劳动组织的改善，是正确组织劳动的基础，有利于公平激励员工。成长积分标准对不同层级员工提出不同要求，为员工学习成长提供努力方向，为培养平台提供依据。企业制定成长积分标准时，可根据工作复杂程度、精确程度和责任大小等，规定各层级的要求。

基于员工成长发展目标，成长积分标准内容的设置，可以目标岗位为单位，与岗位胜任标准对接，即与系统中目标参考标准模型相对接。成长积分标准内容包括“应知”“应会”“工作实例”三个维度。“应知”是指员工完成某等级工作所应具备的理论知识，也可以同时规定工作应达到的文化水平；“应会”是指工人完成某等级工作所必须具备的技术能力和实际经验；“工作实例”是根据“应知”“应会”的要求，列举本工作某等级员工应该会做的典型工作项目。员工只有通过笔试和实际操作考试，达到标准要求，即可获得相应积分。

基于员工职业发展管理定位和成长积分制的设计理念，成长积分标准设置如图 5-1 所示，并需遵循以下六项基本原则。

（1）先进合理性。成长标准应既先进又合理。所谓先进，就是要反映生产技术上的新成就和行业水平；所谓合理，就是要考虑到员工队伍的实际知识存量，使一定数量的工人经过一定时期的努力可以达到的水平，使员工成长积分标准可行，具有激励性和引导性。

（2）动态性。随着企业业务发展、生产工艺改进、新技术引进等，对成长积分标准进行相应的动态修订完善；否则标准失去先进性，影响其成长引导作用。

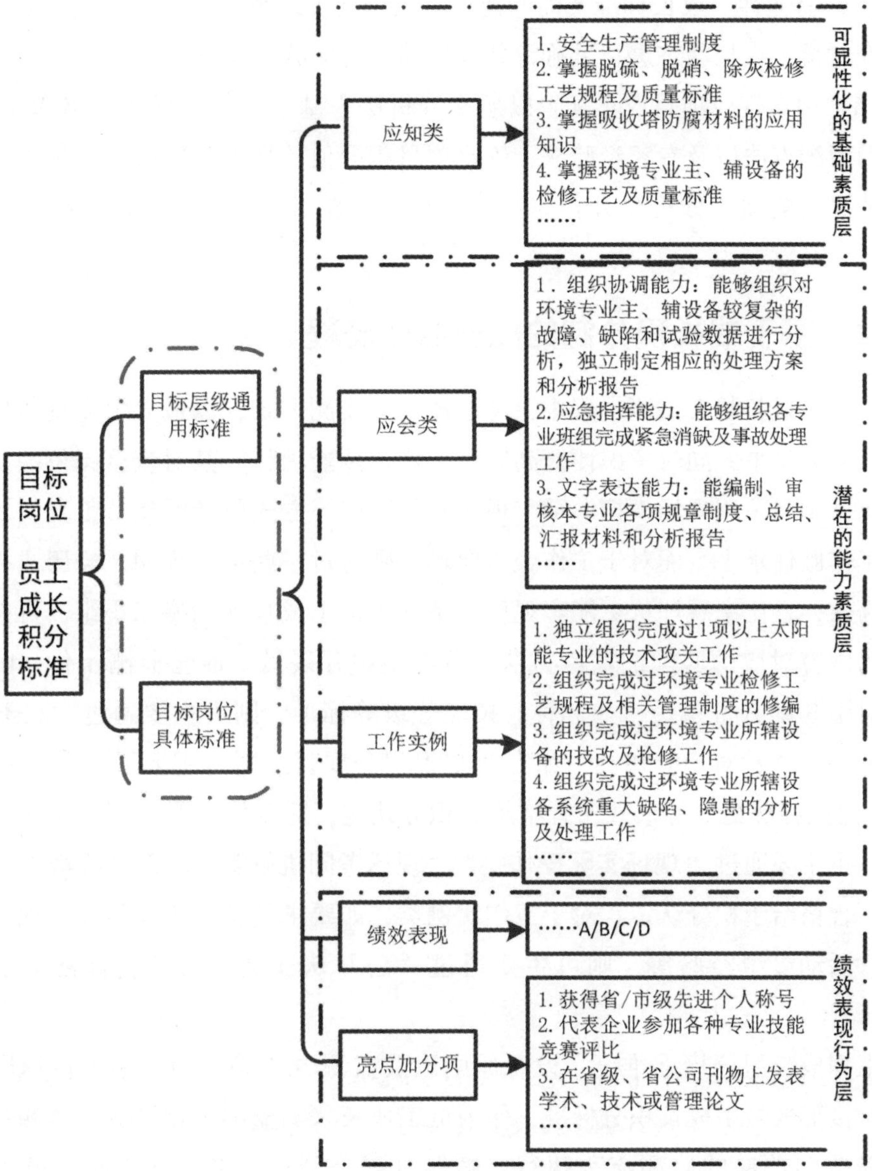

图 5-1　员工成长积分标准体系

（3）平衡性。各类型岗位的成长标准，其要求要大体平衡。因此，要研究和确定标准尺度，各部门对所辖范围内的同类型同层次岗位对应标准平衡，企业各分管领导对所辖专业领域的较高层级的岗位对应的成长积分标准进行平衡。

（4）客观性。成长标准要对应岗位胜任标准，对岗不对人，不应反映工龄和劳动态度等。要客观反映岗位履责标准要求，作为预测员工胜任水平的依据。

（5）易懂性。成长标准要简明扼要，便于员工理解、学习和掌握，也便于按照标准对员工成长状态进行准确评估和反馈，引导员工学习成长。

（6）引导性。项目权重配置以层次分析法为基础，基于任职资格体系分析，结合因素配点法以及专家经验法，确定项目积分值，且根据阶段性该类人才整体成长情况的弱项，分析提升相应项目权重，加强引导，以提升人才队伍的综合水平。

5.2.2 基于成长积分制的成长监测流程

在员工成长状态监测过程中，需选择最优监测方式，以最大限度真实反映员工胜任潜力水平，同时考虑便捷高效。如操作技能项目，其对应该岗位的实操工作要求，则需采用现场模拟答辩、现场实际操作等方式更能反映员工真实水平和未来工作胜任水平。而对于工作经历要求，则通过一些项目证明、经历成果证明则更高效，且比主观评价更能客观反映情况。员工成长评估专家小组，可按照积分项目内容对应的匹配的监测方法，分类组织开展员工成长监测工作。归类分析，对于基础必备条件，如职称、技能等级等标准，则可主要通过“公开认证类”监测方式；对于应知类，如专业知识积分项目，则可主要通过“理论笔试类”“面试答辩类”等形式，合格给予积分认定；对于应会类，例如操作技能项目等，可主要通过“现场实际操作类”“现场考问讲解类”“面试答辩类”方式评估，合格给予积分认定；对于工作实例类，如要求具备的工作经验、项目管理经验、活动组织经验等，则可主要通过“公开认证类”方式，合格给予积分认定。

根据成长积分标准维度、设置原则以及监测方式等分析，基于目标岗位标准，对接形成员工成长积分标准，作为员工成长状态监测依据。成长监测和积分认定需按照严谨的监测流程执行，确保过程公开、公平，真实反映员工成长状态。

5.2.2.1 公开认证类监测流程

“公开认证类”项目，指员工可通过提供公认的证书或其他证明材料的方式，申请对该成长积分项目“免修”，并获得相应积分的过程。监测流程如下。

第一步，发布公告。通知“公开认证类”项目认定申请时间及相关要求。

第二步，员工根据要求提交申请，人力资源部审核申请材料的真实性和准确性，确认其是否完整、齐全和符合规范，并将审核通过的申请材料，依据《员工成长积分标准体系》，对满足考核标准的成长积分项目进行量化积分认定。

第三步，积分认定。拟定结果汇总提交人才成长管理办公室复审，确认申报材料齐全，符合标准要求，量化积分计算合理，在认定表上签字盖章。

第四步，公示认定结果。公示期间，员工若有异议，可通过“意见箱”以书面形式反映意见。

第五步，申请及认定相关材料盖章，归入员工成长档案，进行统一管理。

5.2.2.2　现场操作类监测流程

“现场操作类”监测，主要针对操作实践类的成长积分项目。企业可根据各专业实际情况，每年定期组织仿真机考试、试验等操作类监测评价。监测流程如下。

第一步，组织各专业专家小组研讨，建立现场操作题库及评价标准。

第二步，整理、统计员工提交的认定申请，确定考核项目内容和人数，制订并公布年度评价认定计划、批次、时间安排、范围等。

第三步，通知准备。布置本批次考试时间、考试地点、人员范围等具体事项，并发放准考证。

第四步，组织命题考务。以全封闭的形式组织专家组成员进行选题、命题工作，并联系生产部门安排实际操作的场地和布置其他考务工作。

第五步，组织考试、评价及积分认定。专家评价小组根据考核标准进行评价，现场针对员工的薄弱环节或偏差进行记录和指导，根据积分标准予以成长积分认定。同时，监督人员负责现场监督工作，确保认定过程的公平和公正。

第六步，公示认定结果，公示期间，员工若有异议，可通过“意见箱”以书面形式反映意见。

第七步，申请及认定相关材料盖章，归入员工成长档案，进行统一管理。

“现场考问讲解类”和“面试答辩类”监测流程同上。

5.2.2.3　理论笔试类监测流程

主要针对目标岗位所需掌握的基础知识、专业核心知识、外围知识等知识类内容进行考核评估。根据不同科目设定成绩有效期。需从建立题库、计划发布、通知准备、组织命题考务、组织考试阅卷、积分认定、公示、归档这几个步骤逐步开展监测工作。

5.2.3 实施保障措施

积分制体系包括积分项目、积分标准、积分值、积分认证方式等几个主要内容。如关于核心理财业务工作，取得理财师证书积分，积5分，以证书原件认证方式；绩效考核合格积20分，以人资部提供考核结果文件方式；等等。诸如此类积分，明确与工作胜任相关的积分项目内容、项目达标方式以及项目积分水平，据此员工即可选择所需积分项目纳入后续的职业发展计划书中，明确积分目标，开展学习，并累计获取积分。

积分制体系构建和实施需遵循员工参与原则、成长自主原则、全面反馈原则、契约性原则、公平性原则、继任计划性原则以及卓越性原则。

（1）员工参与原则。成长积分标准的制定需员工参与，基于个人工作经验和对工作的理解，员工可总结判断，将岗位胜任标准对接转换为匹配的成长积分项目、成长途径、积分标准等，上级管理者可与员工沟通，基于个人管理经验，对积分标准内容进行修订完善，确保内容符合要求。参与的过程也是员工对岗位认识和理解的过程，帮助企业转移、分享和内化隐性知识，帮助员工更清晰地了解目标岗位标准要求，为员工成长奠定基础。

（2）成长自主原则。员工成长积分体系旨在引导员工成长、反馈员工成长状态和预测员工发展潜力，因此企业中的员工只要有意愿，即按照标准选择积分项目，并努力获取积分，且积分标准统一，公平自主。

（3）全面反馈原则。员工成长积分可从员工职业发展的各个角度产生积分，无论是岗位履责能力、学习成长效果还是卓越贡献等均可纳入积分，综合体现员工成长状态和发展潜力水平。可采取以成长积分为基础，以上级周期绩效评估、导师周期成长鉴定为辅助，定量和定性相结合的全面反馈形式，帮助员工全面了解个人差距和存在问题，为后续的成长提供依据。同时可以借助信息系统为员工提供反馈积分结果、周期积分增长曲线、增长速度分析、相比同类潜在员工的积分累计情况，以及个人在群体中的位置和水平，帮助员工清晰地认识自我及在成长环境中的竞争力，以便及时、准确优化成长发展方案，且可实时激励员工不断努力学习成长，向群体中优秀的员工学习。

（4）契约性原则。成长积分标准确定后，即为集体统一的契约和承诺，不会受制定标准的人或执行标准的人影响，即标准面前人人平等，基于此标准，员工对自己的薪酬福利水平负责，对自己的团队负责，对自己未来的成长发展负责，即每一积分都需要通过自己主动的努力去获得。

（5）公平性原则。关于发展激励，内部公平最为重要，否则将会影响员工学习成长积极性，因此成长积分需在大家共同参与下制定完善，且统一将标准和应用等透明公开给所有员工，面对标准大家一律平等，只要满足某项积分项目标准，即可按照标准获得相应积分，并持续累积。成长积分认定过程需公开透明，确保评判客观，通过数据处理，保障反馈客观和公平，使员工相信个人的努力和成长可以真实体现，可依靠个人实力实现公平竞争，为员工提供公平的发展环境，激励员工持续努力成长。

（6）继任计划性原则。在成长积分项目中包含对继任计划项目积分内容，即对于成长过程中一些进度缓慢、遇到困难需要帮助的员工，在能力范围内有责任去帮助和指导，如任职职业导师对所带的徒弟有责任去辅导、及时发现问题、帮助解决问题，持续帮助员工不断成长。如管理人员对于工作模块范围内的后备库中的员工，有责任辅助提升，以确保该工作模块有可以继任的员工，并将此与后续发展计划挂钩，以此激励后备人才培养。

（7）卓越性原则。积分制操作过程中，不仅将满足积分标准的员工纳入后备人员候选名单中，且对于超过标准（综合表现优秀卓越）的员工给予激励，以此鼓励员工不断追求更高层次的成长与发展，支撑企业可持续发展。

5.3　员工成长状态信息集成模型

5.3.1　语言评估标度选择

在员工学习成长过程中，监测体系需动态采集员工成长状态信息。在采集过程中，企业需成立评估专家小组，基于员工成长积分标准体系，分类逐项评估形成积分基础数据，并整合形成员工成长积分。关于员工成长状态评估的公平合理与否，是否能够真实反映员工个人实际能力水平以及员工之间的能力差异，将直接影响到员工学习成长的积极性，以及未来企业员工队伍稳定和企业发展。然而员工的成长体现在各个方面，不是所有成长积分项目都可定量衡量与反馈，例如实际操作能力、应急处理能力、语言表达能力等，则一般通过“好”“一般”

“差”等语言形式评价反馈。因此，对于此类无法量化的成长项目，则需选择适当的语言评估标度，进行统一综合评价。在实际评估中，随着语言下标的增大，相邻语言下标之间的偏差绝对值也随之增大，且对于同一决策问题，选用不同的语言标度，可能出现不同的排序现象，因此正确选择适合的语言评估标度对于评估准确度提升至关重要。

在国际上，Zadeh 早在 1975 年在近似推理方面的研究中提出了采用语言形式来描述偏好信息的概念。20 世纪 90 年代以来，Herrera 等引进了采用语言信息表示评价结果的概念，提出了如何解决基于语言信息的群决策方法。在国内，基于语言判断矩阵的群决策方法也有丰富的研究成果。徐泽水提出基于模糊语言评估和 GIOWA 算子的多属性群决策方法，及基于术语指标的多属性群决策方法。许叶军等（2009）提出了基于不同粒度语言判断矩阵的多属性群决策方法。还有诸多学者针对多属性群决策提出不同的一致性分析和专家权重确定方式。

近年陆续有近 10 种标度提出，根据精度基本可分为两类：一类是比较适合较为粗略的判断的语言标度，如 0 ~ 2 三标度法，-1 ~ 1 三标度法，五标度制；另一类是相比精度较高的语言标度，如 1 ~ 9 标度，9/9 ~ 9/1 标度，10/10 ~ 18/2 标度，指数标度。且徐泽水（2000）对这四种精度较高的语言评估标度的性能进行模拟评估，结果表明，10/10 ~ 18/2 标度的性能最好，最适宜于精确的权值计算且能得到较为合理的结果。戴跃强等（2008）基于 10/10 ~ 18/2 数值标度思想，提出了一种实用语言术语下标以零为中心对称，且术语个数为奇数的语言评估新标度。

通过比较分析，结合考虑员工成长积分项目特征及评估效率、成本，本章提出采用 10/10 ~ 18/2 非均匀加性语言评估标度加性评估，为评价结果的精确性奠定基础，语言评估标度定义如下：

语言术语标度在零右边的语言术语集为

$$S_+ = \left\{ S_\alpha \mid \alpha = \frac{\tau + i}{\tau + 2 - i} - 1 = \frac{2(i-1)}{\tau + 2 - i},\ i = 2,\ \cdots,\ \tau - 1,\ \tau \right\} \tag{5-1}$$

语言术语标度在左边的语言术语集为

$$S_- = \left\{ S_\alpha \mid \alpha = \frac{-2(i-1)}{\tau + 2 - i},\ i = \tau,\ \tau - 1 \cdots,\ 2 \right\} \tag{5-2}$$

由此，加性语言评估标度为

$$S = \left\{ S_\alpha \mid \alpha = \frac{-2(\tau-1)}{\tau+2-\tau},\ \frac{-2(\tau-1-1)}{\tau+2-(\tau-1)},\ \cdots,\ 0,\ \cdots,\ \frac{2(\tau-1-1)}{\tau+2-(\tau-1)},\ \frac{2(\tau-1)}{\tau+2-\tau} \right\} \tag{5-3}$$

并可简化为

$$S = \left\{ S_\alpha \mid \alpha = -(\tau-1),\ -\frac{2}{3}(\tau-2),\ \cdots,\ 0,\ \cdots,\ \frac{2}{3}(\tau-2),\ \tau-1 \right\} \tag{5-4}$$

式中：若 $\alpha > \beta$，则 $S_\alpha > S_\beta$；存在负算子 $neg(S_\alpha) = S_{-\alpha}$，$neg(S_0) = S_0$。

在 S 基础上定义拓展标度 $\bar{S} = \{S_\alpha \mid \alpha \in [-q, q]\}$，其中，$q(q > \tau - 1)$ 是一个充分大的自然数，以便于计算和避免丢失决策信息。并满足运算法则：设 S_α、$S_\beta \in \bar{S}$，$\lambda \in [0, 1]$，则 $S_\alpha \oplus S_\beta = S_{\alpha+\beta}$，$\lambda_{s_\alpha} = S_{\lambda_\alpha}$。

取 $\tau = 4$，S 如下图 5-2 所示。

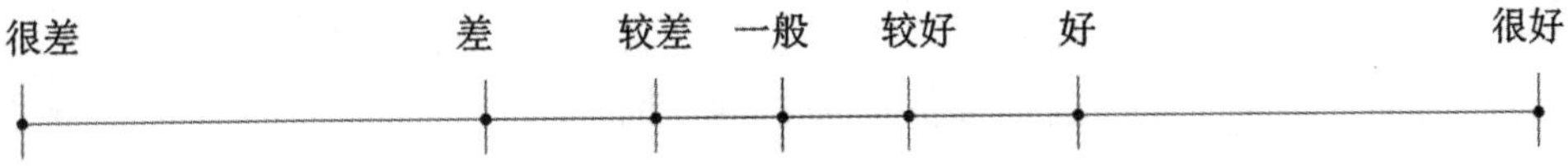

图 5-2　加性语言评估标度（$\tau = 4$）

$$S = \left\{ \begin{array}{l} S_{-3} = \text{很差},\ S_{-\frac{4}{3}} = \text{差},\ S_{-\frac{1}{2}} = \text{较差}, \\ S_0 = \text{一般},\ S_{\frac{1}{2}} = \text{较好},\ S_{\frac{4}{3}} = \text{好},\ S_3 = \text{很好} \end{array} \right\}$$

5.3.2　基于语言信息集成算子的成长状态集成模型

应用合适的语言评估标度，根据员工成长积分项目，对员工成长状态进行监测评估，并应用 DWLA 算子集成不同阶段的评价结果，应用 DLA 算子整合各决策者的偏好度，综合形成成长状态项目评价结果，反馈给员工，结果量化精确，为员工后续的发展决策和路径优化提供数据支撑。在决策的过程中，判断矩阵是决策者表达偏好信息的一种常用且有效方式。如加性语言、不确定语言矩阵、残缺语言矩阵、一致性语言矩阵等。在此结合评估语言标度设计，构建加性语言矩阵作为评估决策模型基础。

加性语言矩阵定义如下：对于某一决策问题，设 $X = \{x_1, x_2, x_3, \cdots, x_n\}$ 为 n 个方案的集合，决策者利用加性语言评估标度 S，对 X 中的对象进行两两比较，并构造加性语言判断矩阵 $A=(a_{ij})_{n\times n}$，其中 $S_{-\tau}\leqslant a_{ij}\leqslant S_{\tau}$，$a_{ij}\oplus a_{ji}=S_0$，$a_{ii}=S_0$，$i$，$j=1$，2，…，$n$。

同时，基于语言信息集成算子具有不易丢失决策信息，而且计算便利的优点，可通过算子集成各阶段评价语言信息，最大限度地整合评估语言数据，支持评估结果，主要适用算子的定义如下。

(1) LA 算子定义如下：

设 LA：$(\bar{S})^n\rightarrow\bar{S}$，则

$$LA(S_{\alpha_1},\ S_{\alpha_2},\ \cdots,\ S_{\alpha_n})=\frac{1}{n}(S_{\alpha_1}\oplus S_{\alpha_2}\oplus,\ \cdots,\ \oplus S_{\alpha_n})=S_{\bar{\alpha}} \tag{5-5}$$

式中 $\bar{\alpha}=\frac{1}{n}\sum_{j=1}^{n}\alpha_j$。

(2) $LOWA_2$ 算子定义

设 $LOWA_2$：$(\bar{S})^n\rightarrow\bar{S}$，其加权向量 $w=(w_1,\ w_2,\ \cdots,\ w_n)^T$，$\sum_{i=1}^{p}w_i=1$，使得

$$LOWA_2(S_{\alpha_1},\ S_{\alpha_2},\ \cdots,\ S_{\alpha_n})=w_1S_{\beta_1}\oplus w_2S_{\beta_2}\oplus,\ \cdots,\ \oplus w_nS_{\beta_n}=S_{\bar{\beta}} \tag{5-6}$$

式中：$\bar{\beta}=\sum_{j=1}^{n}w_j\beta_j$。

(3) DLA 算子定义

$$DLA[S_{\alpha_1}(t),\ S_{\alpha_2}(t),\ \cdots,\ S_{\alpha_n}(t)]=\frac{1}{n}[S_{\alpha_1}(t)\oplus S_{\alpha_2}(t)\oplus,\ \cdots,\ \oplus S_{\alpha_n}(t)]=S_{\bar{\alpha}}(t) \tag{5-7}$$

(4) $DLWA$ 算子定义

设 $S_{\alpha}(t_k)$ $(k=1,\ 2,\ \cdots,\ p)$ 为 p 个不同阶段的语言术语，且 $w(t)=[w(t_1),\ w(t_2),\ \cdots,\ w(t_p)]^T$ 为时期 $t_k(k=1,\ 2,\ \cdots,\ p)$ 的权重向量，则：

$$\begin{aligned}&DLWA_{w(t)}[S_{\alpha}(t_1),\ S_{\alpha}(t_2),\ \cdots,\ S_{\alpha}(t_p)](k=1,\ 2,\ \cdots,\ p)\\&=w(t_1)\times S_{\alpha}(t_1)\oplus w(t_2)\times S_{\alpha}(t_2)\oplus\cdots\oplus w(t_p)\times S_{\alpha}(t_p)\end{aligned} \tag{5-8}$$

式中：$w(t_k)\geqslant 0(k=1,\ 2,\ \cdots,\ p)$；$\sum_{k=1}^{p}w(t_k)=1$。

基于非均匀语言评估标度，构建动态模糊评价模型，设 $X=\{x_1,\ x_2,\ x_3,\ \cdots,\ x_n\}$，为 N 个员工的集合，N 个员工成长表现评估定义为 $A=(a_{ij})_{n\times n}$，通过 T 位专家（决策者）。

利用非均匀加性语言评估标度 $S=\left\{\begin{array}{l}S_{-3}=\text{很差},\ S_{-\frac{4}{3}}=\text{差},\\ S_{-\frac{1}{2}}=\text{较差},\ S_0=\text{一般},\\ S_{\frac{1}{2}}=\text{较好},\ S_{\frac{4}{3}}=\text{好},\ S_3=\text{很好}\end{array}\right\}$ 对 N 个员工各阶段成长状态比较评估，获得比较评价集：$A_{kv}=(a_{ij})_{n\times n}$，$S_{-\tau}\leqslant a_{ij}\leqslant S_{\tau}$，$a_{ij}\oplus a_{ji}=S_0$，$a_{ii}=S_0$。并通过 $w_v(t)$，加权构成表示决策者对 N 个员工评价的加性语言判断矩阵：$A_k=(a_{ij})_{n\times n}$，其中：$S_{-\tau}\leqslant a_{ij}\leqslant S_{\tau}$，$a_{ij}\oplus a_{ji}=S_0$，$a_{ii}=S_0$。

由式（5-6）集成各季度决策者判断信息，即把所有决策者提供的加性语言判断矩阵 $A_k=(a_{ij}{}^{k})$ 集成为群的加性语言判断矩阵 $A=(a_{ij})_{N\times N}$。同上，计算得到各周期阶段的成长加性语言判断矩阵 $A(t_k)=(a_{ij}(t_k))_{N\times N}$。

员工的成长评价，是基于不同阶段的评价结果的统一判断，即数据取自不同的时期和阶段，即数据信息是时间的函数，随着时间的变化而变化，为此在此使用动态加性语言判断矩阵作为年度成长状态监测判断方法。利用式（5-8），把体现不同阶段成长水平的加性语言判断矩阵 $A(t_k)=(a_{ij}(t_k))_{N\times N}$ 集成为综合的动态加性语言判断矩阵 $w(t)=(w(t_1),\ w(t_2),\ \cdots,\ w(t_p))^T$，由式（5-7），把 $A(t)$ 第 i 行中的所有偏好信息 $a_{ij}(t)$ 加性集成，形成员工综合成长水平数据，定量反馈给员工。

5.4 成长状态反馈实证研究

周期性定量反馈员工成长状态，可帮助员工明确个人成长状态、成长速度等，据此评估个人阶段性学习效果，并采取相应优化措施，纠正员工成长行为偏差。根据员工成长积分，以发展岗位为目标，分析员工发展群体的成长状态和速度，据此可了解该岗位成长积分标准的合理性、激励性以及相应培训课程的培训效果等，并可预测未来该岗位后备人才队伍状况，从而决策是否需调整该目标岗位的发展引导标准，以持续促进目标岗位的后备人才培养与企业未来业务发展需要的人才需求相匹配，有效支撑企业未来发展。

5.4.1 员工个体状态定量反馈

员工个人成长状态定量反馈。如图 5-3 所示，可知该员工基于其发展目标岗位，在不同阶段的成长积分水平，面积代表员工积分比例，随周期变化，员工的积分逐渐累积，与目标理想分值逐渐接近。

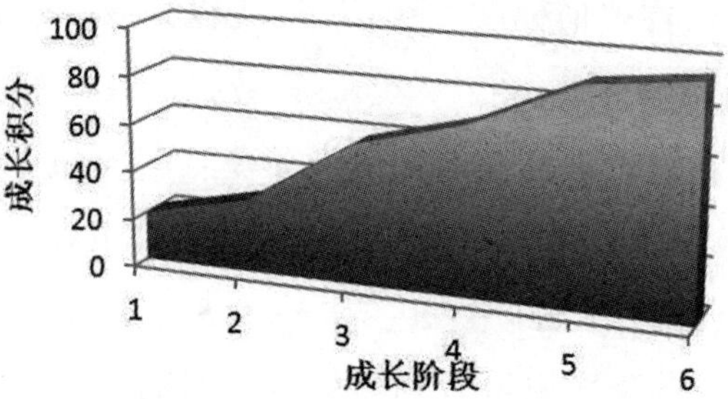

图 5-3　个人成长积分分析样例

如图 5-4 所示，员工不同周期的成长速度，在不同阶段员工成长速度发生变化，根据员工成长速度趋势，可设置预警线，当处于低谷时，通过反馈警示员工需调整学习成长状态，并提醒其导师及上级主管关注员工学习成长状况，分析成因，判断成长缓慢是源于员工主观学习积极性，还是相关学习课程不匹配的原因，对应调整学习状态和优化学习成长方案，持续促进员工成长发展。

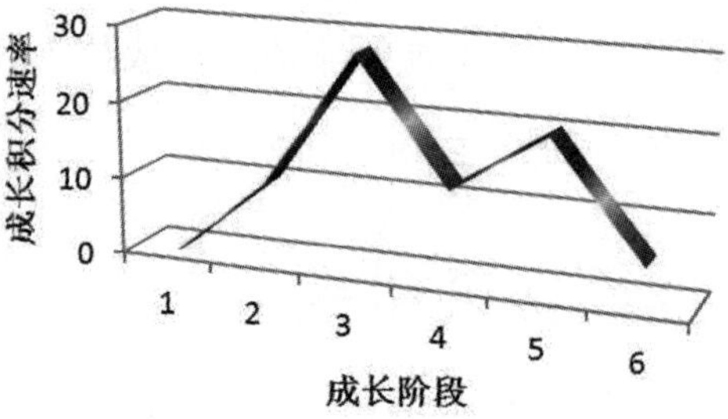

图 5-4　个人成长速度分析样例

5.4.2　目标群体状态定量反馈

以目标岗位为单位，分析目标岗位发展员工群体的成长状态，如图 5-5 所示，不同阶段员工积分水平不同，高低差距体现员工相对于该目标岗位的胜任潜力的差异，随着周期变化，发展群体的整体成长状态在逐渐接近理想分值，根据数据可初步预测在人才需求周期范围内，该目标岗位可储备人才数量，据此可确定届时人才需求是否平衡。若不满足业务对人才的需求，则可据此预前控制，通过加强该岗位目标引导体系中的激励标准，激励越来越多的员工将该岗位列为发展目标，激励员工根据岗位要求努力学习提升。

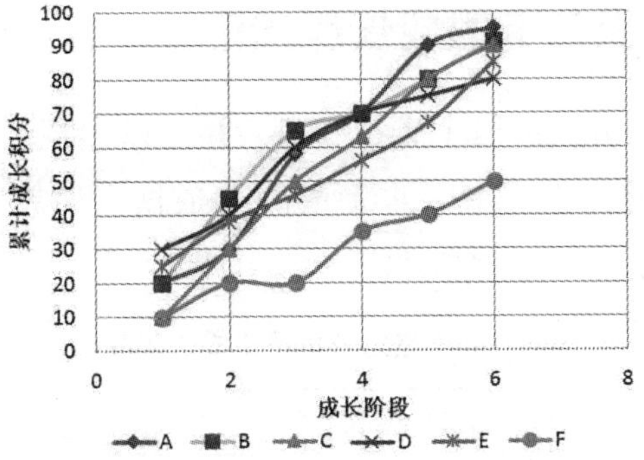

图 5-5　目标岗位发展群体积分对比

5.4.3　目标岗位不同积分模块的群体积分效率反馈

以目标岗位为单位，分析以其为发展目标的员工群体的积分状态，对于岗位积分标准中不同类别项目的成长积分状态和积分速度，判断积分项目的积分周期的长短、积分项目对应的学习内容效果，以及是否需增补相关学习课程或优化学习方式，提升该模块达标效率。如图 5-6 所示，关于 4 号积分项目，其群体积分与目标的差距均较大，而 6 号积分项目，则群体积分基本达标，据此可侧重分析成因，判断该现状源于项目积分难易程度，还是项目对应课程的学习效果，并采取相应的优化措施，在该目标岗位培养人才过程中及时强化弱势项目的培养和补充，促进员工全面发展，满足岗位标准要求。针对弱势项目，可分析优化学习内容、路径、周期等，为员工提供充足的学习资源，支持员工持续学习成长。

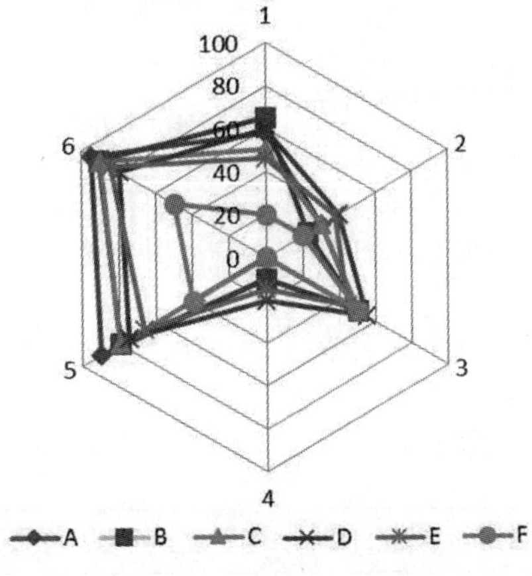

图 5-6　目标岗位发展群体各项目积分对比

5.4.4 基于成长积分卡的成长反馈记录

通过监测以成长积分反馈员工成长状态，并可以“成长积分卡”的形式记录员工成长状态评估数据，作为下一步发展决策依据，如表 5-1 所示，该员工在 1～4 月成长周期内的累计积分情况和综合积分水平。

表 5-1 某电力公司员工成长积分卡

类别		积分项目标准				积分认定结果		积分区间要求
		积分项目	培养途径	鉴定方式	标准积分	监测信息	认定积分	
基础积分类	必备资格	本科学历	—	获得证书	2	A	2	须全面达标
		电气相关	—	获得证书	1	A	1	
		工程师	—	获得证书	1	A	1	
	基础环节	新《电业安全工作规程》标准考试	企业统一培训+自学	统一理论考试	3	100	3	须至少积满 9 分
		春检《电业安全工作规程》理论考试	企业统一培训+自学	统一理论考试	3	98	3	
		机炉点热化燃基础知识	企业统一培训+自学	统一理论考试	3	96	3	
	必修环节	可靠性指标	企业统一培训+自学	统一理论考试	5	91	5	须至少积满 12 分
		技改管理办法	导师培训+自学+企业统一培训	统一理论考试	5	94	5	
		点检定修	导师培训+自学+企业统一培训	统一理论考试	5	96	5	
		EAM 实际操作	企业统一培训	现场操作考试	3	93	3	
	选修环节	合同管理办法	导师培训+自学	统一理论考试	2	94	2	须至少积满 5 分
		计算机应用基础知识	导师培训+自学	统一理论考试	2	98	2	
		企业文化	导师培训+自学	统一理论考试	2	88	2	

续表

<table>
<tr><th rowspan="2">类别</th><th colspan="4">积分项目标准</th><th colspan="2">积分认定结果</th><th rowspan="2">积分区间要求</th></tr>
<tr><th>积分项目</th><th>培养途径</th><th>鉴定方式</th><th>标准积分</th><th>监测信息</th><th>认定积分</th></tr>
<tr><td rowspan="4">绩效积分类</td><td>1 月绩效</td><td colspan="2">来自绩效评估系统</td><td>8</td><td>A</td><td>8</td><td rowspan="4">须至少积满 30 分，且至少 1 个 A</td></tr>
<tr><td>2 月绩效</td><td colspan="2">来自绩效评估系统</td><td>8</td><td>A</td><td>8</td></tr>
<tr><td>3 月绩效</td><td colspan="2">来自绩效评估系统</td><td>8</td><td>A</td><td>8</td></tr>
<tr><td>4 月绩效</td><td colspan="2">来自绩效评估系统</td><td>8</td><td>A</td><td>8</td></tr>
<tr><td>卓越加分类</td><td>—</td><td>—</td><td>—</td><td>—</td><td>—</td><td>—</td><td>—</td></tr>
<tr><td>实际积分结果</td><td colspan="2">69 分（实际积分）</td><td>年度评定等级</td><td colspan="4">合格（优秀/良好/合格）</td></tr>
</table>

5.5　本章小结

本章主要介绍企业核心员工职业发展过程中，构建员工成长状态监测反馈子体系的必要性、构建方法，并模拟反馈分析过程。首先，根据职业发展管理系统的自适应需求，阐述监测反馈环节设计对系统稳定运行的必要性，及员工职业发展过程的反馈控制原理，阐述员工成长状态监测反馈体系的设计方法。其次，阐述“成长积分制”的理论基础、内涵和特点，以及成长积分制对于定量反馈和自适应决策的重要性，并基于目标岗位的胜任标准和任职资格条件要求，提出员工成长积分标准体系的组成元素、设计原则等。最后，针对无法定量判断的员工成长积分项目，引入加性语言评估标度，对员工成长进行定性评价，并构建判断矩阵，将定性评估信息转化为定量数据，并通过集成算子集成各阶段、各维度的成长状态数据，形成综合反映员工能力水平的“成长积分”，定量反馈给员工，并与发展岗位标准比较获取成长误差，定量分析，为员工后续的成长发展决策提供数据支持。本书就样本积分结果进行定量分析，从员工个体积分数据定量分析，反馈员工成长状态、成长速度等；从目标岗位发展群体积分数据分析，反馈目标岗位发展群体的成长状态、成长速度以及相应的成长“短板”，为后续的员工发展决策和管理系统优化提供数据支持。

第 6 章　职业发展自适应调节决策支持体系

本书第 5 章主要介绍如何设计员工成长状态监测体系，定期监测反馈员工成长状态。在员工职业发展过程中，根据系统反馈的成长误差，优化调节成长方案，促使员工成长输出与系统运行目标一致。然而根据不同类型的反馈误差，员工如何准确判断并做出正确的调节和发展决策，将对员工学习成长和持续发展至关重要。现代管理学之父德鲁克在《卓有成效的管理者》一书中指出，有效的管理者应知道什么时候依据原则作出决策，什么时候依据实际情况需要作决策。为引导员工准确优化和正确决策，本书提出应为员工设计职业发展自适应调节决策支持体系，分析归类员工在职业发展过程中面临的各类误差情况及对应的决策判别规则和决策流程，构建决策支持体系，为员工的成长发展过程提供预警、方案优化等决策支持。

6.1　自适应调节决策支持体系构建

6.1.1　职业发展决策研究现状与趋势

Jepsen 和 Gelatt 在 1974 年提出职业生涯决策模型时，首次使用了职业生涯决策（Career Decision-making）这一概念，“职业决策”的定义和研究如表 6-1 所示。

表 6-1　职业决策理论比较研究

代表/时间	职业决策的定义与理论研究
Jepsen 和 Gelatt（1974）	是个人以有意识的态度、行动、思考来选择学校或职业以符合社会期望的一种反映。涉及决策者、决策的情境（社会期望）及有关决策者个人内在与外在资源

续表

代表/时间	职业决策的定义与理论研究
Mitchell，L. K. 和 Krumboltz，J. D. （1984）	强调职业选择过程受到四类因素的影响：遗传天赋和特殊能力（如内在素质、身体障碍、音乐和艺术能力）；环境条件与事件（如劳动法规、技术进步、社会机构变化、家庭资源）；学习的经验（如各种工具性学习、行为和认知反应、观察学习）；任务完成技能（如设定目标、工作习惯）
Lofqulst 和 Dawis（1991）	工作适应理论。强调指个体和环境互相满足彼此要求的程度
Gati（2001）	是人们所经历的从搜索可能的职业选项，到对比选项然后从中选择其一的过程
Peterson 和 Sampson （2002）	不仅包括职业选择，且涉及对执行完成选择所需的行为做出承诺的过程
Social cognitive career theory SC-CT	表达初步的选择或目标、行动，例如为实施自己的选择而参加特定的培训；后来的完成情况，即成功或失败。完成情况构成反馈回路，影响将来职业行为的形成

（1）从研究职业发展决策的影响因素到研究决策过程和策略

对比以上职业发展决策研究理论与相关文献阅读分析，早期职业发展决策，例如强调人与环境匹配的决策理论，研究主要关注的是发展过程中的影响因素的研究，如发展决策可能遇到的困难、自我效能感、个体兴趣爱好与环境匹配需求等，而非决策本身。近期职业发展决策理论研究，开始逐渐关注决策本身所需的信息采取、分析加工、决策理论、决策技巧等。例如职业发展决策的认知信息加工观提出的五种职业发展决策技巧以及相关研究说明。

（2）从僵化的人——环境匹配、绝对理性的效用和概率评估观到灵活的多阶段有限理性决策过程观

早期标准化职业发展决策研究强调绝对的理性评估和基于人—组织匹配的最优化决策。近期职业发展决策则逐渐有所转化，例如以信息加工为基础的认知观点将决策看成输入、编码和输出的循环过程。用优化代替效用最大化，用3～4个阶段取代标准化模型中的一步运算，强调个体可监控整个决策过程。同时将职业发展决策内容扩展为不仅包括选择，还包括选择前的信息收集、比较分析和最后选择的全部过程。近期研究不仅提出决策过程可以分为不同阶段，且指出决策者

在不同阶段可以采用不同决策策略，同时决策者可能从不同阶段开始，且不同时期也可能处于不同决策的同一阶段，强调决策并非单向而是动态循环的过程。

6.1.2 自适应发展决策支持体系

在企业核心员工自适应职业发展管理系统中，需不断根据企业的战略规划，企业所处的宏观、微观环境，人力资源存量等，基于员工的实际能力水平与目标岗位发展标准的比较误差，来优化调整员工发展方案，以促进员工发展与企业发展相匹配。

自适应系统，可利用其中的可调节系统的各种输入状态和输出来度量某个性能指标，将所测得的性能指标与规定的性能指标相比较，然后由自适应机构来修正可调节系统的参数或者产生一个辅助输入信号，以保持系统的性能指标接近于规定的指标。模型参考自适应系统所研究的问题主要是设计一个稳定的、具有高性能的自适应的适应算法，既能确保系统有足够的稳定性，同时又能使广义误差得以消除。因此，本书提出构建自适应决策支持体系，根据员工发展类型和判断条件分析，制定自适应决策规则，基于员工实际水平与目标水平的比较误差，自动启动员工发展目标、发展成长路径和学习成长方案等的调节优化流程，使员工成长状态输出与目标参考值趋于一致，促使员工能力水平适应企业发展需求。

6.2 基于组织—员工发展匹配的自适应发展决策支持

美国职业指导专家霍兰德（Holland）提出的人格类型理论认为，在职业发展决策中，最理想的状态是，个体可以找到和其人格类型一致的职业环境。如果匹配，则其工作收获就会得心应手，发挥自己的潜能，并能有所成就；反之则困难重重，对自己和对组织的发展都会造成影响。因此在职业发展指导和决策的过程中，需要充分预测人与岗位或组织的匹配度，促进个人与组织的发展。当岗位要求和员工能力匹配时，可最大限度挖掘员工潜力，完成岗位工作，实现岗位要求的绩效目标。根据罗帆等学者展开的企业抽样调查显示：企业人力资源组织存在的缺陷中，人员配备决策不当的占 37.37%，高居第二位。特别是在中国传统文化背景下，重亲情和人情等，往往在企业中容易产生因人设岗，或者因情免法、藐视企业规章制度，导致管理秩序混乱，挫伤员工发展积极性，阻碍企业发展。企业中发展匹配决策将直接影响企业吸引人才、留住人才的能力，进而影响到企业发展。

6.2.1　自适应决策规则与流程设计

根据企业核心员工职业发展类型与成长积分条件分析，构建自适应机构，为发展决策提供支持。

如图 6-1 所示，系统需根据误差 $e(t)$ 和相关影响因素 $\theta(t)$ 、$v(t)$ 等分析采取决策，优化系统运行参数。决策机构 $\omega(t)$ 的主要反馈调节对象包括对职业目标引导参数的反馈调整、对学习成长组织系统参数的反馈调整以及对培养过程的辅助方式的调整等。通过反馈，自适应机构判断调节使员工成长状态逐渐与业务需求匹配，使输出 $y(t)$ 逼近目标参考值 $c(t)$ ，满足企业发展需求。如当市场变化、企业核心技术需创新、核心岗位执行标准需提高时，$c(t)$ 随之提高，导致 $e(t)$ 增大，决策者需分析误差源因素，反馈调节参数及优化员工成长计划，以确保输出适应企业需求。

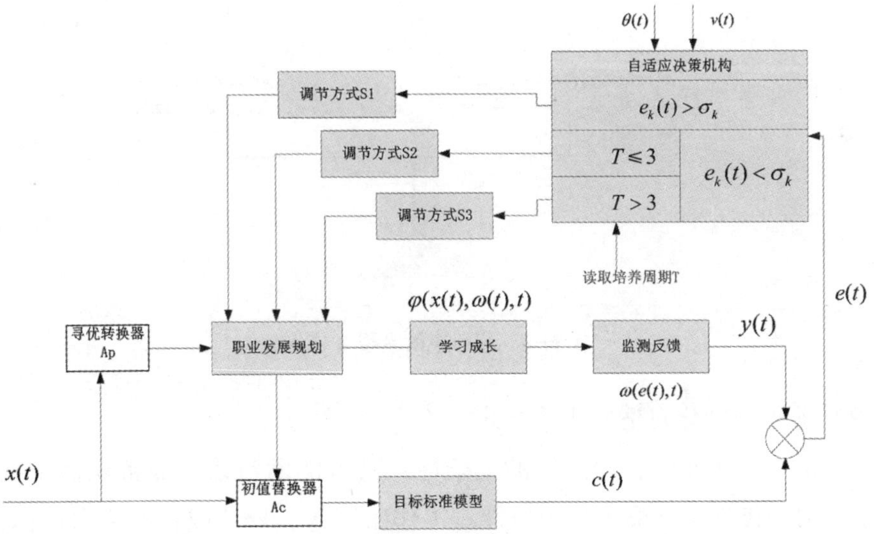

图 6-1　反馈决策原理

在调节决策过程中，基于决策影响因素的复杂性特征，对于不同的干扰因素的决策反馈机制需采用不同的反馈决策支持模式，基本可分为两类：一类是对于常规因素，可寻规律，固定其判别规则，自适应调节反馈，支持决策；另一类是对于非常规因素，需决策机构协助分析实际情况，并提出反馈调节方案，做出调节决策，以期达到系统稳定运行及目标实现。

（1）可规则化自适应决策方式

对于常规性因素，可探寻自适应律，形成判别规则，通过计算机数据采集与判别流程自动实现调节。如在系统外界环境稳定，员工按照计划学习、工作的情况下，仅误差主要影响输出，反馈调节培养体系和参考目标值的决策 $\omega(t)$ ，如图 6-2 所示。

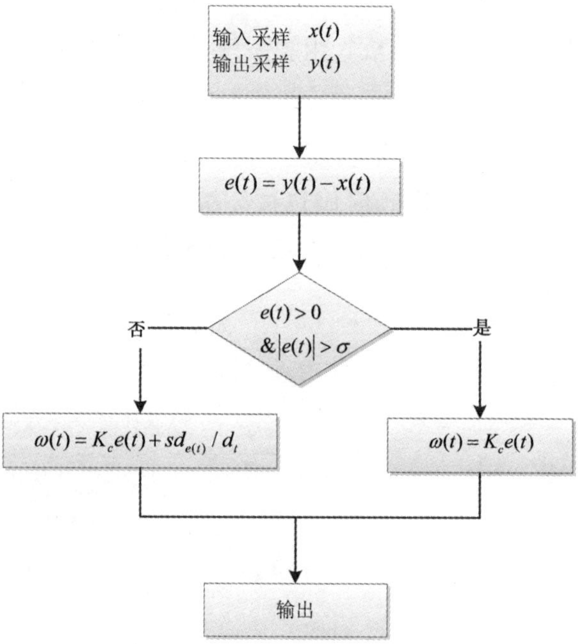

图 6-2 判别决策流程（样例）

（2）非可规则化自适应决策方式

基于员工职业发展管理系统的复杂性，其可能面对诸多非常规性干扰因素，如员工学习积极性、在岗工作积极性、工作氛围等，导致成长结果未达标，或出现新的干扰因素时，需决策专家参与具体分析，制定新的决策策略，再通过信息平台实现反馈调节和决策支持。

根据岗位胜任标准要求和成长状态反馈数据，从总积分标准、项目模块积分标准、累计积分周期等维度综合设定发展条件，作为发展决策的参考标准和判断规则，如表 6-2 所示。

表 6-2　成长发展决策规则（样例）

判断规则	总体积分区间	项目模块积分	累计周期	建议发展类型				辅助措施	
				晋升申请	后备申请	专项强化	路径优化	上级辅导	导师指导
A 类	>90	达标	—	√	√	—	—	—	—
		未达标	—	—	—	√	√	—	√
B 类	80-90	—	—	—	—	√	—	—	—
C 类	60-80	—	—	—	—	√	√	√	√
D 类	<60	—	>3	—	—	—	√	—	√

①当总积分和模块积分均满足积分要求，则可给予申请启动岗位晋升流程或岗位后备入库申请流程的发展决策建议，当目标岗位无空缺时，可先申请入后备库，待岗位缺员时，后备库人员具有优先申请晋升资格。且提示员工进入下一个学习成长周期，状态值作为输入，确定新一轮的发展目标参考模型和个人成长计划方案。

②当总积分满足，但个别模块积分未满足时，需提示员工关注弱势项目，给予后续发展建议，如启动职业导师指导流程，根据其个体发展优势，协助判断是否需要优化发展路径；或启动成长计划优化流程，针对未能满足标准的模块，优化学习成长计划，有针对性地定制学习内容，补足弱项，满足要求。

③当超过积分周期且仍未满足积分要求时，即员工成长缓慢，需自动预警，启动导师指导流程和直接上级辅导流程，考察该员工的学习成长状态成因，或优化成长目标，共同分析形成优化决策建议。

④企业发展环境在不断变化，随着市场竞争激烈、业务发展战略等外部变化以及内部人才存量变化，企业需优化调整职业发展管理系统参数，动态升级目标参考模型以及学习成长体系，促使系统运行支撑员工成长发展，人才培养支撑企业发展需求。

企业可根据不同工作性质、不同层级的工作内容以及其胜任特征差异，制定不同的发展类型判定条件，作为成长积分要求及自适应决策启动规则，借助信息系统，根据判别条件自动启动相关流程，如图 6-3 所示。给予发展建议，为员工发展提供合适的指导、帮助、决策支持，帮助员工通过自我管理实现可持续的职业发展。

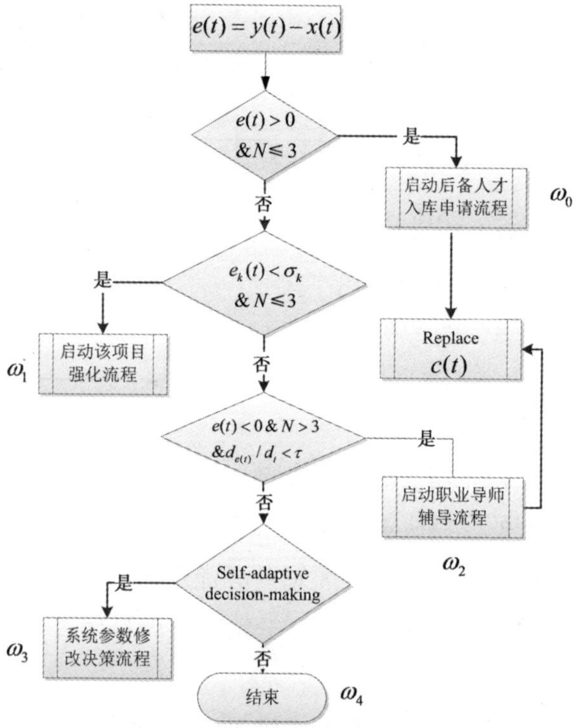

图 6-3　自适应判别—发展决策建议流程

6.2.2　基于集结决策模型的组织—员工发展匹配度预测

国外诸多学者对组织—员工匹配做了相关研究。Piasentin 在 Kristof 提出定义的基础上，验证人—组织匹配，包括需要—供给匹配、要求—能力匹配、一致性—雇员匹配、互补性匹配及一致性—组织匹配。Vandenberghe 等研究匹配度对绩效和人力资源管理效益的重要性，Westerman 等人研究影响匹配诸多因素。Schneider 提出了著名的 A-S-A（Attraction-Selection-Attrition）模型，Jansen 和 Kristof 则提出了人—环境匹配整体感知的一个理论模型等。然而在中国企业发展背景下，指标权重和专家权重确定较为敏感，此类匹配模型的应用仍需基于企业文化和员工特征等因素进行深入研究和改进。国内也做了相关研究，王忠、张琳等也对人岗匹配模型的影响因素开展了相关研究。

决策环境的差异（如决策者或决策对象等），不同决策者很可能给出不同形式的偏好信息；决策信息的不完全性和不对称性、决策对象结构的复杂性等特点，决策者往往给出多种结构形式的不确定性偏好；决策群体总是在复杂的、动态的决策空间对事物进行认知、预测和判断，即使是确定性的偏好，也不可避免含有某种不确定性的特点。因此，有效集结决策群体的多种类、不确定性的偏好信息，是发展匹配度提升的难点。关于不同属性的群决策以及不同类型信息的集结问题，国内外也开展了相关研究。如群决策中决策者判断信息的集结，以及多阶段信息集结的方法，如用语言信息的快速集结研究。但没有考虑信息本身的差异及其对阶段权重的影响，且鲜少通过决策集结模型，充分集结专家个体偏好一致性和群体一致性。

根据发展匹配评价过程中胜任属性的多样性，以及评判专家的主观偏好等特点，本书提出应用判断矩阵和决策矩阵的集结决策模型，将专家个体偏好和专家个体决策信息集结，将专家个体与群体决策信息集结。通过集结信息客观确定指标权重和专家权重，最终形成候选人的发展匹配度预测值，以提升决策的群体满意度。

设成长状态反馈环节反馈形成的员工成长状态定量数据决策矩阵 $A_k=(a_{ij}^k)_{m\times n}$，专家组对员工进行主观偏好判断形成定性判断矩阵 $B_k=(b_{ij}^k)_{m\times m}$。

（1）专家 e_k 的个体一致性

首先判断矩阵 B_k 的个体一致性，判断 B_k 一致性指标为

$$CR(k)=\frac{\lambda_{\max}-m}{RI(m-1)} \tag{6-1}$$

式中：$\lambda_{\max}$ ——矩阵 B_k 的最大特征根，与 k 相关；

RI ——平均随机一致性指标。

则一致性偏差 $\sigma_k=\dfrac{0.1-CR(k)}{0.1}$，若已知属性权重 $W=\{\omega_1, \omega_2, \cdots, \omega_n\}$，根据专家 e_k 的方案属性值向量 $Z^k=\left\{z_i^k \middle| z_i^k=\sum\limits_{j=1}^{n} a_{ij}^k\omega_j, i=1, 2, \cdots, m\right\}$，构造决策向量为

$$X_1^k=\left(\frac{z_1^k}{z_2^k}, \frac{z_1^k}{z_3^k}, \cdots, \frac{z_1^k}{z_m^k}, \frac{z_2^k}{z_3^k}, \cdots, \frac{z_2^k}{z_m^k}, \cdots, \frac{z_{m-1}^k}{z_m^k}\right) \tag{6-2}$$

$$X_2^k=(b_{12}^k, b_{13}^k, \cdots, b_{1m}^k, b_{23}^k, \cdots, b_{2m}^k, \cdots, b_{(m-1)m}^k) \tag{6-3}$$

应用 $cos(X_1^k, X_2^k)$ 判定 A_k 和 B_k 在决策结果上的一致性程度。为便于处理可将

$cos(X_1^k, X_2^k)$ 转换为

$$\cos(X_1^k, X_2^k)^+ = \frac{\cos(X_1^k, X_2^k) - \min\limits_{1\leq j\leq s}\cos(X_1^j, X_2^j)}{\sum\limits_{i=1}^{s}[\cos(X_1^i, X_2^i) - \min\limits_{1\leq j\leq s}\cos(X_1^j, X_2^j)]} \tag{6-4}$$

则专家一致性向量为

$$\Gamma_k|_{个体} = [\sigma_k^+, \cos(X_1^k, X_2^k)^+] \tag{6-5}$$

式中：$\sigma_k^+ = \dfrac{\sigma_k - \min\limits_{1\leq j\leq s}\sigma_j}{\sum\limits_{i=1}^{s}(\sigma_i - \min\limits_{1\leq j\leq s}\sigma_j)}$。

其次，获取专家 e_k 的个体一致性向量，将初始属性权重 W^0 代入式（6-4），形成专家 e_k 的初始个体一致性向量 $\Gamma_k|_{个体}$。

（2）专家 e_k 的群体一致性及权重初步确定

专家的一致性向量为

$$\Gamma_k = [\sigma_k^+, cos(X_1^k, X_2^k)^+, cos(Z^k, Z^g)^+] \tag{6-6}$$

专家 e_k 的权重为

$$k = \frac{\|\Gamma_k\|}{\sum\limits_{i=1}^{s}\|\Gamma_k\|} \tag{6-7}$$

式中：$Z_i^g = \dfrac{1}{s}\sum\limits_{k=1}^{s}\sum\limits_{j=1}^{n}a_{ij}^k\omega_j$，$i = 1, 2, \cdots, m$；

$Z^k = (Z_1^k, Z_1^k, \cdots Z_m^k)$；

$$\cos(Z^k, Z^g)^+ = \frac{\cos(Z^k, Z^g) - \min\limits_{1\leq j\leq s}\cos(Z^i, Z^g)}{\sum\limits_{i=1}^{s}[\cos(Z^i, Z^g) - \min\limits_{1\leq j\leq s}\cos(Z^j, Z^g)]}$$

将 W^0 代入式中得到专家初始权重 λ_k^0。

（3）匹配指标权重的确定

根据 Z^k 构造 m 个方案两两比较的判断矩阵：

$$D_k = \left(\frac{z_i^k}{z_j^k}\right)_{m\times m} \tag{6-8}$$

基于 D_k 和 B_k 尽可能接近的原则确定最优的属性权重。

将专家初始权重 λ_k^0 代入模型：

$$\min f = \sum_{k=1}^{s} \lambda_k \sum_{i=1}^{m-1} \sum_{j=i+1}^{m} \left(\frac{z_i^k}{z_j^k} - b_{ij}^k \right)^2 \tag{6-9}$$

$$\begin{cases} Z_i^{\ k} = \sum_{j=1}^{n},\ a_{ij}^{\ k} w_i,\ i = 1,\ 2,\ \cdots,\ m \\ \Gamma_k = [\sigma_k^+,\ \cos(X_1^{\ k},\ X_2^{\ k})^+,\ \cos(Z^k,\ Z^g)^+] \\ \lambda_k = \dfrac{\| \Gamma_k \|}{\sum_{i=1}^{S} \| \Gamma_k \|} \\ \sum_{j=1}^{n} \omega_j = 1,\ \omega_j \geqslant 0,\ j = 1,\ 2,\ \cdots,\ n \end{cases}$$

求解得 W^1，若 $d(W^0,\ W^1) > \varepsilon$，则 W^1 不是最优解。将 W^1 代入模型，得到新一轮的专家权重向量 λ^1，将 λ^1 代入，通过 MATLAB 编程依次重复迭代计算，直至满足 $d(W^i,\ W^{i-1}) < \varepsilon$，即为最优专家权重 λ^* 和最优属性权重 W^* 。

关于收敛性说明：结合模型和专家权重设置思想，每一次迭代计算，各专家与群体偏差有进一步缩小趋势，通过若干次迭代后，专家偏好判断必定与群体偏好偏差达到最小，由此属性权重将趋于收敛。

（4）加权评价

$$z_i = \sum_{k=1}^{s} \lambda_k^* \sum_{j=1}^{n} a_{ij}^k \omega_j^* \tag{6-10}$$

将 λ^* 和 W^* 代入式（6-10），可得各主体的匹配评价值。

基于员工成长状态的客观反馈数据和发展专家的主观定性偏好判断数据，应用判断矩阵和决策矩阵的集结决策模型，将客观决策数据与专家主观偏好信息有效结合，形成组织—员工发展匹配优先序列，为最终的选拔匹配决策和决策群体满意度的提升提供数据支持，可提高员工职业发展的一致性和效能，确保员工发展公平性。

6.2.3　样本发展决策实证研究

基于职业发展模型，从履责深化、职业层级晋升、专业幅度扩展三个发展角度，分析员工成长状态在不同区间适合的调整或发展类型，分析获取发展过程中的职业发展类型和对应的判别条件。当员工状态达该判断区间时，系统可自动给予匹配的决策发展建议，协助员工结合个人意愿，作出合理的发展决策，从而提升职业发展的自适应效能，降低管理成本。基于职业发展网络空间，企业核心员工可摒弃传统的“要么晋升，要么放弃”的单一的阶梯式上下坡的发展方式，根据个人成长状态反馈数据和发展建议，结合个人意愿，自主选择想要的、适合自己的发展路径，自由调整纵横发展方向和发展周期，对个人职业发展进行自我管理，激发员工成长发展的主动性。

如图6-4所示，某员工在银行基层综合柜员岗位工作2年，被选拔至职能管理部门任职秘书岗位，按传统经验路线，其表现优秀，下一步将有潜力晋升为该部门副职，后再晋升为部门正职。面对近年金融行业发展战略规划，市场对资金营运人才、高级理财人员的需求激增，企业据此引导员工发展。该员工在秘书岗位工作期间，根据个人兴趣，自学考取理财师证书等相关成长项目内容，累计成长积分，申请竞聘至资金营运中心，担任资金营运业务员，钻研业务知识，后聘为营运工程师，后续在中层竞聘中，晋升为公司核心业务部门副总，选择了如图6-4中的发展路径，而非规则的纵向序列发展路线。该员工在中层竞聘中的优势则来自其一专多能，秘书职能奠定了其战略规划、总结计划、文字表达等能力，后续在资金运营业务的学习和实践经验，为以后的业务管理奠定业务基础，从而在后备干部选拔过程中获取优势，顺利实现个人发展。可见网络式发展空间有利于培养复合型人才以及骨干核心人才，且给予员工发展选择自主性，帮助企业吸引、培养、留住核心人才。

系统根据监测反馈数据及判别条件，分析目标岗位发展群体成长状态样本，以半年为一个采集周期，以一年为一个发展周期，员工可自行选择参与监测评估，采集成长状态信息，如图6-5所示。

（1）员工A经过两个培养周期后达标，即可建议其申请该目标岗位后备库入库，并选择进入新的培养周期，制订新的学习成长发展目标和新周期的学习成长计划方案。

（2）员工B经过连续三个培养周期，学习成长仍未达标，触碰“警戒线”，系统将其成长积分自动清零，启动预警流程，并提示职业导师开展沟通辅导，关注员工成长，并判断是否需要进行培养方向的调整等，同时提示该员工在导师协助下进行个人成长计划的优化调整。

（3）员工C成长较快，经过一个周期即达标，建议其申请启动后备人才库选拔流程，并选择进入新的学习成长周期，制订新的发展目标和学习成长计划，且

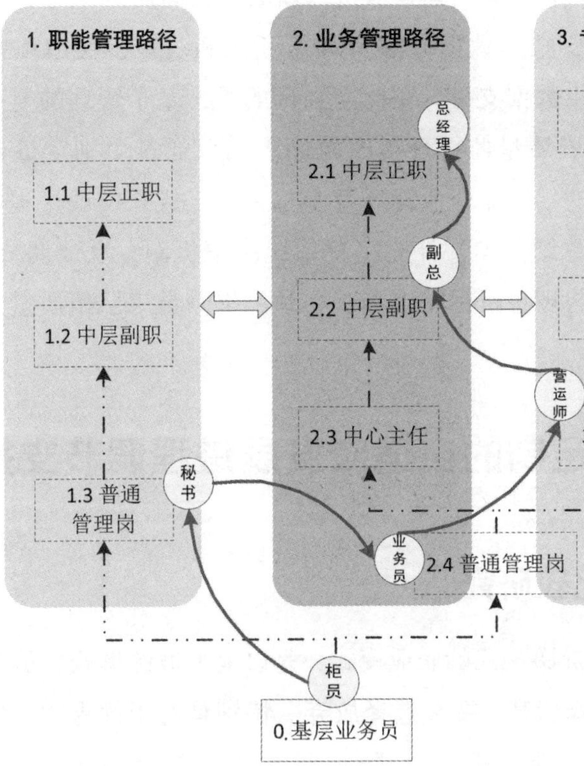

图 6-4　某银行员工发展路径样本

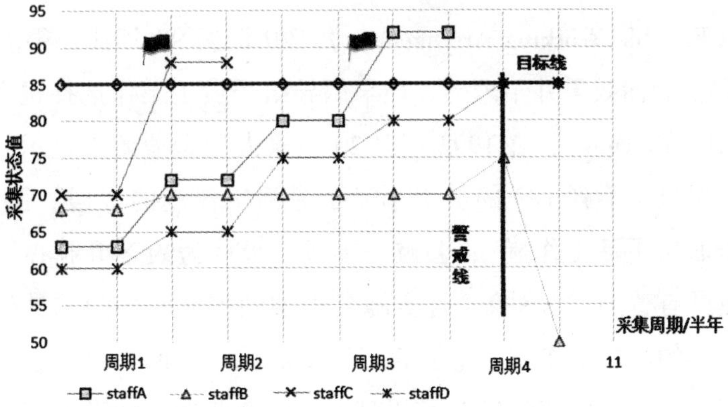

图 6-5　样本发展质量状态

可将该类员工列为成长典范，给予成长认可的同时，请其分享学习成长经验，帮助其他员工加快成长。

（4）员工 D 成长较慢，过程不断调整其学习方案，强化相关学习项目，到第三个培养周期结束后方达标，即可建议其进入新的成长周期。

通过系统动态监控，根据数据分类自动循环判断决策，反馈预警或优化调整，为员工发展决策提供数据支持。在此需强调的是，基于管理的复杂性和管理环境的多变性，员工发展质量监控环节不是简单的仅通过个别定量参数调整修改，即可确保永恒稳定的。还需企业管理者参与到员工成长发展过程中，不断根据质量误差判断分析，总结归纳，补充完善系统决策机制，反馈调节系统参数，方可持续促使系统输出与理想目标需求趋于一致，提升员工队伍质量，支持企业变革与可持续发展。

6.3 基于职业定制的自适应发展进程调节支持

6.3.1 职业模式比较研究

传统的“职业发展阶梯”式的职业模式，是以上下坡的形式，员工成长状态满足工作要求，要么选择晋升，要么选择放弃。特别是对于优秀的女性员工，当面对“职业—家庭”的两难困境，害怕陷入企业阶梯式主导的职业晋升竞赛中，除了接受晋升和放弃，而别无其他选择。20 世纪 80 年代，国外很多女性为照顾家庭，提出灵活时间措施，如产假和灵活工作时间，类似做法后来演化成为“灵活工作制”（Flexible Working Arrangement）。20 世纪 90 年代，很多企业实施了“灵活工作制”，然而效果并不理想。最早倡导给予员工工作选择机会的查尔斯·罗杰斯（Charles Rodgers），在 1992 年对 20 多家大型企业调查显示，尽管工作选择需求巨大，但只有不到 1/3 的员工享受了灵活工作制的待遇。很多员工认为，以种种理由争取“灵活工作制”，会被同事或上级认为缺乏事业心（这在中国文化背景下，更具有普遍代表性），且实施会影响到团队和部门的其他成员，部门同事会认为同事的灵活工作制，抛下的工作是烂摊子，而客户也会认为企业的服务质量下降了，且“灵活工作制”难以规范，给企业造成较高的实施成本。很多管理者认为，灵活工作制是企业向员工想在职业发展阶梯上打退堂鼓的妥协。

近二三十年，在很多进入财富 500 强的大型专业服务公司提供了多种形式的灵活工作制，将此作为揽才之略。然而女性员工的离职率仍然高于男性员工。其局限性主要源于：“灵活工作制”仅是针对工作时间和工作地点的局部性和阶段性解决方案；往往局限于低级事务岗，而具有决策权的员工享受这种待遇的极少；无法随员工整个职业生涯中不断变化的家庭和个人需要作出相应调整；未能考虑员工的职业角色、工作性质、升迁步伐和工作职责等方面发展和变化。很多会计事务所实施很多年，其中员工仍然由于两大原因离职，90% 的女性和 80% 的男性不满意工作条件（工作日程、工作时间和工作职责）；86% 的女性员工和 70% 的男性员工认为无法协调工作和生活，且这种灵活制的申请被大家普遍认为等于职业自杀。

6.3.2　基于职业定制模式的发展进程调节支持体系

核心员工队伍呈现出女性员工比例增高、员工家庭结构变化、职业观念变化等时代特征，员工工作意愿、工作—家庭生活平衡等逐渐成为员工职业发展和留住员工的主要影响因素。“工作—家庭平衡”是指个体对工作和家庭满意、工作和家庭职能良好、角色冲突最小化的心理状态。“平衡”是指个体平等地参与工作、家庭角色活动，获得同样的满足。工作—家庭平衡问题研究是当代西方组织行为和人力资源管理领域出现的新理论，近年来逐渐成为研究热点。经济全球化促使各国逐渐重视工作—家庭之间的冲突问题，平衡工作和家庭责任的必要性得到广泛的共识，制订良好的工作—家庭平衡计划已成为当前人力资源管理的重要内容。相互匹配的工作—家庭平衡策略还是可持续竞争优势的来源（Perry - smith，Blum，2000）。组织绩效会受到员工工作—家庭的影响（Anderson 等，2002）。甘艳芬（2007）认为工作家庭冲突对职业生涯满意度具有预测作用。刘永强等（2008）认为，目前企业并未认识到对员工工作—家庭平衡应该负有责任，加班的员工一般会受到表扬，且被普遍认为是对企业更为忠诚和努力的员工。企业应培育工作—家庭平衡制度的合法性和效率机制。只有企业制度安排才能创造出平衡的工作—家庭和谐的基础。张琳琳（2010）研究发现，国有企业员工工作—家庭冲突与工作倦怠相关，且男性员工家庭侵扰工作显著高于女性员工。王婷等（2011）认为，员工工作—家庭平衡有利于员工周边绩效提升，企业应重视员工工作—家庭平衡问题的处理。哈佛商学院公布的一项研究显示，X 一代（31 至 47 岁）女性毕业生中，仅有 10% 选择全职在家照看孩子。哈佛商学院所有女性毕业生中，约有 70% 在从事有偿工作，而从事全职工作的比例为 56%。

面对新生代核心员工队伍特征和挑战，现代企业如何通过良好的职业发展管理帮助员工平衡工作和家庭，应对家庭压力和发展压力，充分发挥员工潜力，给予其自适应调节职业发展进程的组织支持平台，帮助员工调节职业发展以适应企业发展需求和家庭生活需求，将是现代企业核心员工职业发展管理成功的关键。本节针对员工不同发展阶段对成长发展的不同需求、所能提供的劳动数量和质量以及受到的不同影响因素等，提出构建企业核心员工自适应职业发展进程调节平台，采用职业定制模式，对致力于一个具有长期效益的项目研究不急于晋升，或基于未来事业的转型不急于晋升，或因为生育、子女角度等原因不能完全地投入工作而需减缓发展速度等情况的员工，给予其职业发展进程阶段性的调整权利和平台支持，从发展步伐、工作责任、工作负荷度等维度调节个人职业发展进程，适应企业发展和家庭需求，从而避免优秀人才离职或无法发挥潜力，以及人员更替没有准备和计划性，而影响企业业务和核心客户的丢失或核心业务项目的终止等，帮助员工脱离这种“要么接受、要么放弃”的职业发展决策困境，特别是优秀的女性，从而吸引和留住优秀人才，支撑企业的可持续发展。

6.3.2.1 职业定制模式设计

定制以及大规模定制，是21世纪的新型生产方式，为解决客户大量的个性化需求，以及厂家生产成本和交货期之间的矛盾。1970年，美国未来学家阿尔文·托夫在Future Shock中提出一种全新的生产方式的设想，以类似于标准化和大规模生产成本和时间，提供客户特定需求的产品和服务。1987年，斯坦·戴维斯在Future Perfect中首次将这种生产方式命名为“Mass Customization”，即大规模定制（MC）。1993年，约瑟夫·派恩在《大规模定制：企业竞争的新前沿》中给出定义：“大规模定制的核心是产品品种的多样化和定制化急剧增加，而不相应增加成本，范畴是个性化定制产品的大规模生产，其最大优点是提供战略优势和经济价值。”战勇（2012）指出，大规模定制在系统思想指导下，集企业、客户、供应商、员工和环境于一体，充分利用企业已有的资源，在标准计划、现代设计方法、信息技术和先进制造技术的支持下，根据顾客的个性化需求，以低成本、高质量和高效率提供定制产品和服务的生产方式。

大规模定制集成了时间竞争、精准营销、精益化生产和服务等管理思想精华，可加强企业对客户需求的快速反应，迅速为顾客提供低成本、高质量的定制产品，提高企业在市场中的竞争力。在国内研究中，大规模定制基本都是关于企业通过大规模定制为客户提供个性化的产品服务，而通过大规模定制为员工职业发展服务的研究几乎没有，仅提出针对职业教育的“私人定制”，以及职业人才的定制培养，或者校企联合的人才培养定制，而这些定制主要面对企业人才需求定制个性化的培养方案，为企业人才培训提供个性化服务。鲜少从员工职业发展的角度，以员工为服务对象，为不同员工的个人职业发展需求提供私人职业定制服务。

当企业已经认识到为消费者定制商品是成功经营的法宝，为企业增强了盈利能力，提升了消费者的满意度和忠诚度，并为企业的品牌带来了良好的口碑。同样我们可以将其用在员工职业发展管理中。本书提出企业核心员工“职业定制”平台构建，规划和定制职业发展类型，支撑员工职业发展与家庭生活匹配、与工作需求匹配，吸引人才、培养人才、留住人才，建立强有力的人才队伍，支撑企业的可持续发展和市场竞争力提升。

企业核心员工“职业定制”模式，指从职业发展生命周期的角度分析，根据员工职业发展的个性化需求，为员工提供统一、透明的职业发展调节平台，从发展步伐、工作责任、工作负荷度等方面定制职业发展类型，给予员工预前调节、计划和控制个人发展进程的自主管理权力，与企业共同协调规划，给予员工工作—家庭平衡的组织支持，为员工提供更多的职业发展的选择机会，从而满足人生不同阶段的发展需求，实现核心员工职业发展的人性化管理。

6.3.2.2　职业发展进程调节平台

基于职业定制的服务目标，根据企业商业模式、组织机构、文化氛围和人才管理的侧重点等确定职业定制维度，且可根据不同阶段企业发展的特性进行动态调整。职业定制体系设计，需体现企业劳动特点差异与企业特性匹配，方能帮助员工顺利开展有效的职业定制。

本书从体现劳动差异特点的四大劳动要素分析确定职业定制维度。从表面看，每个岗位职责不一样，表现出来的劳动结果也不同，岗位具体劳动是不可比的，但所有的劳动都可以从“劳动数量”和“劳动质量”两个方面来衡量，可将不可比的具体劳动还原成抽象劳动进行比较，即所有劳动都可以从其承担的劳动复杂性、劳动责任、劳动强度、劳动条件方面衡量，如表 6-3 所示。据此分析工作差异和相对价值关系，结合员工职业发展周期特点，确定职业定制核心维度。

（1）发展步伐。关于职业发展速度的选择，包括任职年限、晋升年限、职业升迁的路径。可分为加速与适度缓速两个维度。

（2）工作负荷。考虑员工工作量的选择调整，工作模块数目和性质。比如员工因家庭原因需减少工作量，则需要申请降低工作负荷。工作负荷的调整可从工作模块化的角度来解决，通过工作模块化、模块负荷层次化，根据员工需求同类拆并调整，有利于工作负荷的调整。对应可分为增负和减负两个维度。

（3）工作条件。即工作地点/日程。关于何时何地工作的选择，即能否出差，在办公室还是远程办公，每周不能工作的时间。或者调整至工作时间地点要求不高的工作模块，如销售服务类岗位。可对应有限制和无限制两个维度。

表6-3　工作要素定义

工作要素	要素定义
工作复杂性	指在经营管理及生产活动中，岗位工作对任职者应具有的文化知识、专业技能和胜任岗位工作熟练程度等方面的要求
工作责任	指在经营管理及生产活动中，岗位工作要求任职者应承担生产、经营、安全等方面责任的大小
工作强度	指在经营管理及生产活动中，岗位工作要求任职者所承担的工作负荷、心理压力和体力消耗的程度
工作条件	指在经营管理及生产活动中，岗位工作所处的工作环境和工作时间特征及由此带来的对任职者的影响程度

（4）工作内容。即劳动责任和劳动复杂度的融合，关于岗位、责任、工作安排和管理权限。例如对于管理岗位，需要带领员工开展工作、协调人际关系等的管理人员，则其劳动责任和复杂度较高。对应可简化分为管理者和普通员工两个维度。而往往前三个维度的内容会联动影响工作内容选择和工作模块的调整配置。

职业定制的四个维度（见图6-6）是互相联动的，这四个维度也是企业核心员工职业发展管理系统的一部分，需联动调整（见表6-4），并渗透到系统中的各个环节，需和企业管理的各个模块联动运行，且渗透到人力资源管理的各个模块，如定岗定责、定编定员、目标制定、职业发展、培训和发展、人才储备、绩效考核、薪酬激励等，方能实现有效运行。当员工面临生育或赡养老人的特殊阶段，可选择减缓发展步伐，尽可能地调整工作地点和工作时间，以平衡家庭所需时间，若因为工作责任原因，无法调节工作条件，则需适当降低工作负荷或调整工作模块内容，将部分工作模块转移到岗位后备人员，不仅可调整个人职业发展状态，而且为后备人才提供相关工作模块实践机会，既有利于岗位后备人才培养，也有利于岗位工作承载程度保持均衡，以及工作服务质量的恒定或提升。

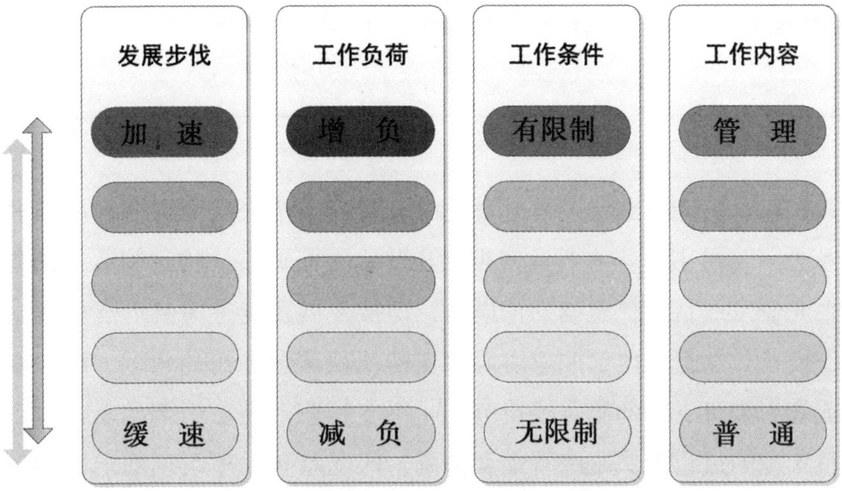

图 6-6　职业定制四维度联动调整

表 6-4　职业定制维度联动调整

维度	发展步伐	工作负荷	工作条件	工作内容
发展步伐	—	若想要加速发展步伐，从学习和工作提升的角度，则很难降低工作负荷	若想加快发展步伐，可能需要少提工作条件	若减缓工作步伐，可能需放弃一些从事重要管理责任的机会
工作负荷	减少工作负荷，可能会导致减缓发展步伐	—	减少工作负荷，不一定非要从时间地点上限制，如可远程办公	减少工作负荷，可能会承担普通岗位工作
工作条件	缩短工作日程可能会减缓发展步伐，但对于远程办公的工作，可不受影响	缩减工作日程，往往也会相应降低工作负荷	—	工作条件的要求，可能意味着无法从事需要出差和坐班的工作

续表

维度	发展步伐	工作负荷	工作条件	工作内容
工作内容	特定工作的选择，决定着职业发展的步伐	特定工作的选择，会增长或降低工作负荷	特定工作的选择，决定工作时间/地点的选择	—

企业核心员工在开展职业定制过程中，需基于个人生命周期作出职业定制预申请，考虑我（员工）需在什么时期做出什么方面调整，构建职业定制档案；并基于未来职业发展目标，定制支撑申请，即从发展角度考虑我可支撑哪个调整或哪个工作模块。从组织内部职业协调和支持伙伴职业梦想的角度，组织群体努力提升个人能力和可支持的工作模块范围，来支撑职业定制引起的工作调整；并在申请调整实施的过程中，跟踪管理和协调，匹配基于人才续用的定制和调整期结束后的用人机制，从而实现组织与大规模职业定制相关的体系和过程的协同演进，方可有效推进员工职业进程规划和调整。

企业核心员工“职业定制”模式，将员工视为合作者和产品服务对象，企业与员工共同制定职业生涯，促使企业和员工共同承担职业发展责任；将“因时而变”视为企业和员工的核心竞争力；将“你付我多少工资”转化为“我如何成长和发展”和“我如何才能驾驭自己的时间”，使职业发展选择与取舍的过程更加透明化，确保内部公平，以此保证职业发展更周全，决策更优。企业可通过这种方式，留住核心员工，提升知识存量，节约再招聘和培训新员工的成本，提高员工留职率，继而提升客户服务质量和客户忠诚度，支撑企业可持续发展。相比“灵活工作制”，“职业定制”模式具有其特有优势，如表6-5所示。

表6-5　职业模式特征对比

灵活工作制	职业定制模式
例外安排	制度化、透明化
孤立措施	彻底性贯彻，主流化
独立实施，难以推广	柔性、动态
有限的选择（何地工作与如何工作）	既重视眼前，又着眼于长远
一般不利于职业生涯发展	促进职业生涯发展

续表

灵活工作制	职业定制模式
未能与企业发展文化融合	融入企业发展文化
被动、消极	主动积极

职业定制管理模式，可提升企业员工工作满意度、归属感和忠诚度，帮助企业吸引和留住优秀的员工，提高员工工作效率，帮助企业精确预测人力资源发展趋势和人才需求，降低经营成本和完善人才储备，并最大限度地把握企业成长的机遇。更深刻地了解员工的优势和弱点、需求和愿望以及人生规划，这些也是企业更好地经营和管理的前提。这种增强员工参与感、满意度、忠诚度和工作热情的思路、原则和实施方案，可以帮助员工将职业理想和人生很好地根植于企业，为企业制造吸引、留住和培养高端人才的竞争优势，从而有利于企业实现长远发展目标。

6.3.3　实施保障措施

基于职业定制模式的服务对象和产品特性，其职业定制的前提保障包括以下几点。

（1）产品族设计能力，即后备人才培养能力。通过人才培养平台，高效培养一专多能的人才，实现学习资源的整合优化。当然可将此分解到各个专业管理部门，开展专业人才培养。

（2）模块化设计能力，即岗位工作模块化设计。部门岗位工作模块化，便于灵活分解和组装配置。可缩短优化完善周期，降低工作调整成本和风险，实现快速升级和替换，并利于实现产品与服务的标准化，有利于大范围推广，便于协作，特别是前后台以业务、产品、服务为主线的协作更需要工作模块化的设计，便于责任分解和上下协调，这也是实施大规模职业定制的关键。

（3）并行工程能力，即时间并行开展培养。各层次序列人才培养并行开展，A→B→C，培养 C 的后备的同时，也要同步开展 B 的后备培养。即在职业目标网络引导下，基于学习成长管理平台，并行开展各类人才的培养。

（4）质量功能配置能力，即全方位监测反馈，确保员工成长质量。基于职业目标引导，通过监测反馈体系，过程动态监测员工成长状态，客观反馈，以持续优化员工成长质量。

(5) 产品配置设计能力，即人—职能模块组合配置能力。HR 部门需明确各个工作模块的胜任特征或基本任职资格条件，以及员工队伍胜任潜力和发展优势等，便于加强对员工能力和工作模块的组合配置能力。即借助监测反馈信息平台，统计分析人才存量，规划人—工作匹配规模，为职业定制调整奠定基础。

(6) 生产组织和管理网络化，即职业发展空间网络化。横纵打通，一专多能，时间地域打通，突破职业发展限制，提升灵活性。即基于履责基础目标引导体系和成长发展目标引导网络，突破传统的职业发展空间，提高员工职业发展选择和调整的灵活性，为职业决策和调整奠定基础。

职业定制模式运行的关键在于工作模块的人才“供应链”管理，即需能随时满足核心人才职业调整期支撑的后备人才供应很重要，要能及时提供可以支持工作模块业务的人，开展人才批量培养，通过虚拟网络优化员工工作条件，以提高配置灵活性。

6.4 本章小结

本章主要介绍职业发展自适应决策支持体系的构建内容、构建方法和实施建议。首先，根据职业发展决策研究现状和发展趋势以及面临的挑战，提出自适应发展决策支持体系的构建。其次，在目标网络引导下，分析设计自适应决策规则和流程，并基于监测反馈环节提供的员工成长状态信息和数据，应用“发展匹配集成模型”，集成客观的员工成长状态信息和决策者发展匹配偏好信息，形成发展匹配优先序列，预测员工发展潜力，为发展决策提供数据支持。最后，基于员工发展阶段性需求，提出企业核心员工职业定制管理模式，构建职业发展进程调节平台，帮助员工通过发展步伐、工作负荷、工作责任等调整，实现职业发展进程的自主调整和预前规划，给予员工发展自主空间，为企业人才规划提供预前反馈。

第7章　系统运行保障机制

本书第3章到第6章，介绍了通过构建自适应职业发展管理系统，如何为企业核心员工的职业发展提供服务等问题。主要包括：根据目标引导和发展定位分析，员工设定个人发展目标；通过学习成长体系支持，为员工提供良好的学习成长资源，辅助员工高效学习成长；通过状态监测反馈体系，监测员工成长状态，反馈成长误差，促使员工自我调整与提升；通过自适应决策体系，为员工提供基于发展目标的决策支持和基于发展周期的发展进程调节，促进组织—员工发展匹配。

应该说，企业核心员工的自适应职业发展管理是一个系统工程，是人力资本投入和提升的过程，是资源整合和优化的过程。职业发展管理系统的良好运行，需要充足的人力、财力、物力等资源投入作为物质保障基础；需要完善的薪酬分配、岗位晋升、任期管理、后备管理等制度体系建设，提供良好的运行环境；需要因地制宜、个性化的网络信息化建设，提供顺畅、高效运行的网络平台；需要良好的组织文化为人才发展提供积极健康的组织氛围。为此，本书认为，应该为企业核心员工职业发展设计运行保障机制，确保系统运行过程中的目标优化设置、学习成长、状态反馈和发展决策子体系的良好运行，尽可能地消除系统运行的干扰因素，来提升系统运行效率和稳定性。因此，系统运行保障机制的设计对自适应职业发展管理系统的运行具有重要意义。

7.1　资源保障机制

资源保障机制，是指为促进企业核心员工的职业发展管理系统的顺畅、良好运行，提供系统运行所必需的人力、物力、财力等资源支持，它不仅是系统运行的基础，更是整个系统运行的基本支撑。优秀的人力资源，不仅能运用自身专业知识、结合良好的沟通与协调能力推进系统的有效运行，而且能随着组织发展需求对系统进行有效的动态调整，促使系统运行始终与组织的发展目标、战略规划相一致。充足的物力资源，一方面通过构建完善的网络信息系统管理平台，为核心员工的自适应管理过程提供高效、快捷的途径与手段；另一方面通过建立系统管理所需的线下基础设施，提供系统运行所需的时间与空间。充沛的财力资源，提供了自适应管理系统的开发及运行的资金来源，既能有效地保障企业核心员工在职业发展与自我提升的具体开销，更能通过资金激励措施来提升员工职业发展的主动性和积极性。资源保障的具体措施有以下几个方面。

（1）人力资源保障

首先，人力资源部负责人及主管人事的高层领导作为企业核心员工自适应职业发展管理的领导层人员，是整个系统的顶层设计者和运行管理指导者，负责系统的整体把控与有效运行。其次，通过外部引进或内部培养等方式，选拔出具有丰富的职业生涯管理及培训经验的人员担任企业的职业发展管理专员，专职负责职业发展管理系统中各项具体工作的组织与落实；职业发展管理专员需定期参与外部的职业发展相关培训，以不断提升自身的管理水平，并完善企业内部的系统管理。最后，从企业内部选拔各专业、各业务领域内的优秀人员担任职业导师，负责对应专业或业务领域内核心员工职业成长与发展的指导和督促工作。

（2）物力资源保障

首先，需构建切实可行、个性化的员工自适应职业管理网络信息系统，将员工职业发展的目标参考、自适应学习成长、状态监测反馈、自适应决策等子体系信息对接纳入，以实现员工职业成长与发展过程的全程记录、跟踪、检测及反馈。其次，建立员工职业发展基地，该基地不仅可以为员工职业发展培训方面提供场地、设备等基础设施，还可促进员工职业发展培训及管理的专业化和系统化。最后，需为员工的职业发展提供时间资源，根据整体的员工职业发展规划内容，合理调整岗位工作和安排在岗员工的工作时间，为员工的职业发展过程中所需参加的脱岗培训、外出考察、挂职锻炼等提供便利和安排。

（3）财力资源保障

首先，根据企业年度人才培养计划制订培养经费预算，将此类费用列入企业的年度财务预算，并随着企业效益的增长适当提高人才培养经费的预算，确保员工学习成长发展所需资金支持。同时，加强专项费用管理，提高经费使用效率。其次，建设以企业收入为主体、个人投入相结合的员工学习费用投入机制，在员工职业成长的学习提升过程中，为学习成长平台建设所需的培训费用、课程资源使用费用，以及员工考取职业资格证书的相关培训、报考费用等，给予支持和激励。最后，建立职业导师的激励制度，为职业导师提供职业发展管理与指导的工作报酬，以及优秀职业导师的奖金，激发职业导师在员工职业发展管理工作中的积极性。

7.2　环境保障机制

(1) 组织保障机制

企业核心员工自适应职业发展管理，涉及目标分析、制定标准、优化路径决策等各个方面，这需要各部门和相关人员的共同参与和努力。因此，企业需建立相应的组织管理机构，并明确各机构的责任要求与角色分工，如图 7-1 所示，确保系统运行过程中的信息准确、过程透明、动态更新及时。

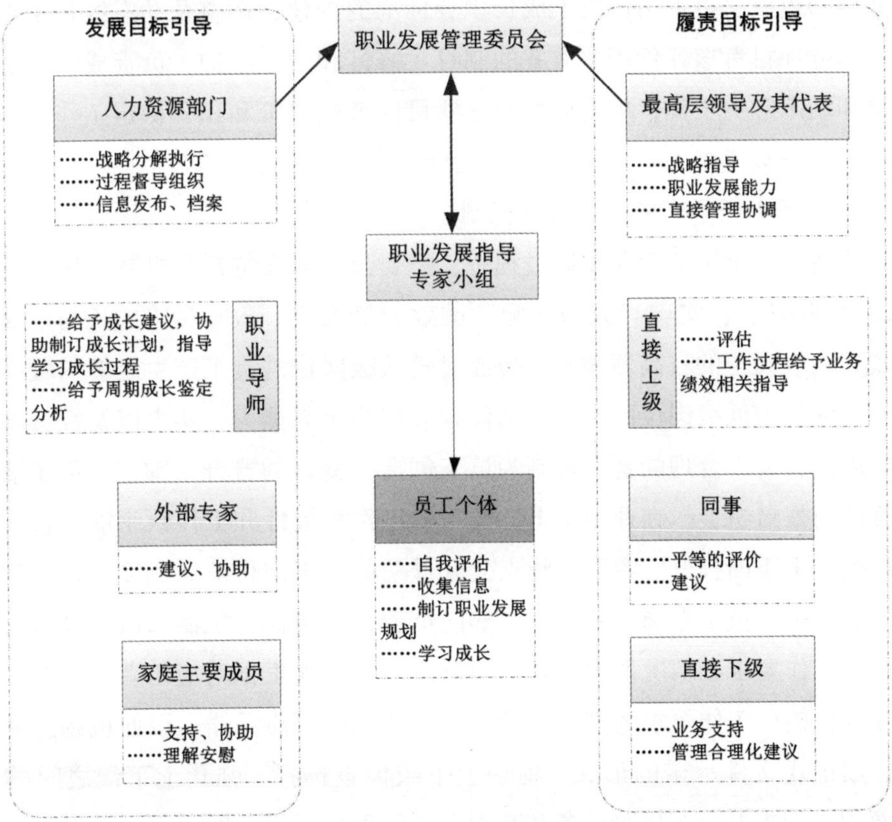

图 7-1　职业生涯发展中的角色和作用

①成立职业发展管理委员会，由人力资源部负责人和企业高层领导组成，负责职业发展管理的各项管理办法及实施方案的审定；对职业发展管理执行情况进行检查和指导；对员工成长积分标准内容的审定；评审职业导师的选拔标准，以及职业导师的甄选、评价、最终资格确定；监督、维护人才成长管理体系的公平与公正。

②成立员工成长管理办公室，挂靠人力资源部，负责具体落实管理委员会的各项决策；宣传、贯彻、落实职业发展管理的各项管理制度；负责组织员工成长积分标准制定与动态维护；组织员工成长积分项目评估反馈和管理；组织制定职业导师选拔标准，以及职业导师的甄选、评价、日常管理等；负责员工和职业导师档案的整理、归档管理工作；负责发布职业发展相关信息和资料。

③成立员工成长专业指导委员会，由各部门负责人组成，负责职业导师与员工“结对”和员工成长计划的审核平衡工作。下设专家小组，由领域专家及优秀的职业导师组成，负责岗位员工成长积分标准的构建、调整及动态维护工作；负责成长积分项目考核评价相关方案的制订、修订和动态维护；负责成长监测题库的建立和动态维护工作；负责成长积分项目的考核评价和积分认定工作，以及在考核过程中对被考核人员的改进指导工作等。

（2）基于责任承诺的岗位晋升机制

在企业核心员工的职业发展过程中，需要公平的岗位晋升机制，让“合适的人上适合的岗位”，实现“人岗匹配”的效能最大化，激励员工成长与发展。激励体现在高级岗位的较高薪酬和地位能对较低级岗位的员工产生足够的吸引力和激励，并促使较低级岗位的员工将岗位晋升作为个人能力、实力以及社会地位的象征。因此，公平合理的晋升机制为员工创造了良好的晋升氛围，提供了清晰的成长空间与发展机会，在此基础上，员工的工作积极性和工作效率能在晋升机制的正确引导下不断提升。企业需建立公开透明的员工岗位竞聘制度，在竞聘制度设计中，可引入员工上岗责任承诺与部门负责人上岗保荐机制，由应聘者对个人胜任岗位工作要求的情况做出承诺，同时部门负责人根据对应聘者的了解，在确认其能胜任岗位工作要求的基础上给予保荐并做出相应承诺。以此机制适度传递压力，用正式文件承诺的形式，促使上下级慎重选择，强化上下级之间的“责任”意识，即提升员工培养后备和举荐人才的责任意识，同时促进员工提升个人能力水平的积极性，使职业发展管理更加顺畅，提高工作效率。

（3）基于动态原则的任期管理机制

中层干部作为企业的中坚力量，其既是企业发展目标的传达者，还是员工绩效提升和目标分解管理的引导和辅助者，中层管理者积极的工作态度、进取精神、对下属的员工成长引导和管理能力，是提高企业运行效率与人才队伍建设水平的重要前提。中层干部的任期管理机制，主要是通过有效手段与措施加强对中层干部在任期间的工作业绩、工作表现等进行有效监督、合理评估与切实记录。因此，职业发展系统的稳定运行需引进中层干部任期管理机制做保障，激励与约束相结合，以增强中层干部职业发展的动力与活力。中层干部任期管理主要包括中层干部选拔与任用、中层干部过程管理和中层干部任期考核管理三个方面。

中层干部选拔任用。制度性（届满）的公开竞聘是激发中层干部工作动力与工作激情的有力工具，通过保荐、民主测评、业务与管理能力测试、素质测评、面试等，开展公开竞聘与选拔，增强中层干部选拔与任用的客观性、科学性，激发中层干部队伍活力。

中层干部过程管理。建立中层干部任期目标责任制，通过签订中层干部年度考核目标责任书等方式敦促中层干部实现业绩、称职履行职责。同时建立配套的过程管理制度，如日常工作例会中的过程检查与节点考核、重大任务、事项督导督办制度等，用过程控制结果。

中层干部任期考核。根据任期内业绩考核结果，综合干部履责过程中的管理表现，进行中层干部任期考核，以任期述职为主，任期考核结果与干部聘用挂钩，过程与结果并重。将考核结果不仅与绩效奖金挂钩，更与岗位任期挂钩，对于考核不合格的干部实行清退制度，实现中层干部“能上能下”，保持企业内部竞争活力，实现人员合理流动。

（4）基于成长发展的绩效薪酬激励机制

薪酬是员工进入企业、选择职业目标、努力成长发展的主要动机之一，良好的薪酬制度能够与员工的职业发展联动，激励员工选择自己合适的方向不断努力成长，为此企业需要为员工建立“绩效—薪酬”联动，“发展—薪酬”联动的激励机制，激发员工学习发展的热情。

“职业发展—绩效考核”相结合。员工原岗位工作履责能力的考核结果，一方面可作为其参加重大培训学习机会的参考依据，另一方面对于在本岗位工作考核持续良好或优秀的员工，可参加目标岗位的竞聘或轮岗；对员工目标岗位胜任能力的考核是指员工竞争上岗后，自动进入岗位试用期，试用期考核良好或优秀后，才能转为正式聘任。

"职业发展—薪酬激励"相结合。员工在目标岗位的试用期内，其薪酬水平为该岗位全部薪酬一定比例，或者继续享用原岗位薪酬，待一个考核期结束，若考核成绩称职，方可转为享受该岗位的全额薪酬。员工随着岗位技能的提升及工作熟练程度的增加，其薪酬等级也相应提升。

（5）支撑职业定制的后备人才管理机制

后备人才是指具有较大发展潜质和优良的工作业绩，在企业管理、业务技能、金融产品营销等方面具有专长且忠于企业，经过培养可胜任企业核心岗位工作的员工。

后备人才管理则是以核心中高层岗位的继任计划为目标，为促进企业内部后备人员的选拔、培养、考核及任用等的管理。后备梯队建设、后备库的管理，可以为员工拓宽发展空间，为目标岗位提供适应管理培养平台，为企业人才可持续奠定基础。后备的培养为员工发展晋升与目标岗位的匹配奠定基础。素质精良的后备梯队不仅为企业中坚力量储备人才，更在促进年轻员工成长的同时激发现有干部激情。后备队伍的管理内容如表7–1所示。

表7–1 后备梯队建设工作内容

类别	包含内容
后备人才选拔	人才甄选标准、人才选拔方法、选拔工作流程等
后备人才培养	培养计划、培养模式、培养方法制定等
后备人才考核	学习考试考评、日常考核、述职考核等
后备人才任用	后备人才选拔、晋升晋级、挂职交流等

①后备人才选拔。后备人才选拔方式坚持"以内部培养为主、外部引进为辅"的原则，后备人才选拔过程坚持"民主、公开、竞争、择优"的原则，后备人才日常管理坚持"备用结合、动态调整"的原则。

②后备人才培养。对后备人才制度化的培养需要从企业战略及管理需要出发，同时结合员工个人发展意愿。培养方式主要采用外部送训、内部讲师培训、内部挂职锻炼、外部挂职交流、承担专题任务训练、内部导师结对培养、列席中层例会、与领导制度化交流等培养方式。企业可根据后备人才现任岗位工作性质

灵活选择培养方式。

③后备人才考核。后备人才的考核主要包括日常工作业绩考核、后备人才成长情况考核。日常工作业绩考核由后备人才所在部门负责；成长情况考核由人力资源部根据后备人才在培养过程中的表现进行考核。

④后备人才任用。企业新增部门助理及以上级别岗位，本着“先清库、后外用”原则，从相应后备人才库中择优录用。

7.3　信息平台保障

7.3.1　基于组织结构的职业信息查询

良好的管理信息系统，可以按照管理规则稳定运行，对预先安排的决策，根据硬性原则，可对发生的事件做出预定的反应。而对于策略性的决策，系统也可以为我们的决策提供数据支持，帮助决策者做出可靠的决策，为决策者的决策分析过程节省时间，提高效率。基础信息查询职能主要包括以下几个方面。

（1）初始输入信息（员工初始信息）。以“员工姓名”为单位，查询与员工个人对应的基础信息，如个人对应岗位、个人取得的职称、职业资格、工作经历、项目经历、成果经历、荣誉奖励、个人发展目标岗位、个人学习课程计划、个人成长积分等。

（2）目标参考平台。企业战略→组织机构→部门→岗位→目标点。以“岗位名称”为单位，查询岗位对应的岗位任职资格要求、岗位职责、岗位工作标准、绩效考核标准、岗位工资等级和工资标准、培训需求等。即履责目标体系和成长发展引导体系各项内容，逻辑对接关系如图 7-2 所示。

（3）学习成长平台。包括学习课程信息、导师基本信息等，从目标岗位查询其对应的岗位胜任标准、培训内容、培训途径、培训周期等。

（4）状态反馈平台。从目标岗位查询对应的成长积分标准、评估方式、评估结果、目标误差等。

（5）发展决策平台。根据发展类型查询发展条件、匹配的申请流程等。

（6）HR 保障平台。定期发布人才需求信息、人才选拔标准及薪酬、绩效反馈数据等基本信息。

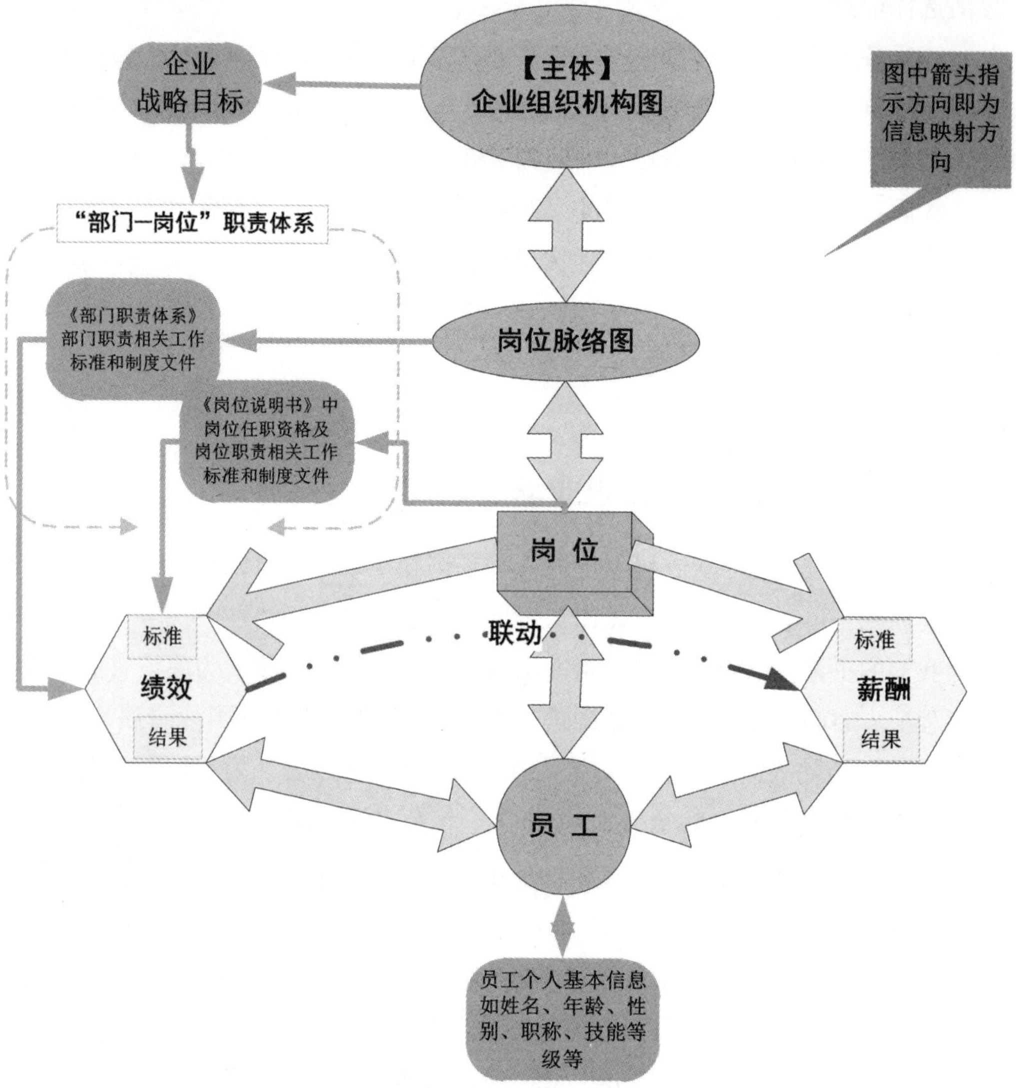

图 7-2　职业信息映射图

7.3.2　基于定量分析的发展决策支持

良好的职业发展管理信息系统，可以通过电脑平台信息分析，发现合适的发展者和潜在的人才等。特别是职业发展过程中一些规则性的自适应决策，信息系统可以根据设定规则，做出及时的反应，及时地、广泛地为企业员工发布职业发展相关信息，可以按照规则为员工提供成长状态分析结果和分析图，激发员工学习成长动力。相应的定量分析、决策支持功能如表 7-2 所示。

表 7-2　基于信息系统的定量分析和决策支持功能表

模块	基点	定量分析功能	分析优化决策支持目标
初始输入信息	员工编号/姓名	员工月绩效水平趋势图（一年中各月的绩效水平折线图）及各维度评价结果分析图	绩效反馈—分析员工绩效水平的增减源于哪一部分的工作或表现，指导员工工作提升
目标参考平台	岗位编码/名称	目标岗位申请人员结构与成长状态趋势图（申请积分人员数量与质量、个体/群体成长积分与速度趋势分析）	人才培养反馈—分析预测核心岗位未来的人才储备情况，以此指导下一步，有重点的引导、培养和激励方案的优化
学习成长平台	岗位编码/名称	目标岗位课程配置情况分析（课程申请数量、课程对应的积分项目达标数据……）	课程效果反馈—分析判断课程的适用性和实用性，是否高效帮助员工成长，以此指导下一步，有重点地优化胜任标准所对应的课程内容、学习途径及相应资源配置
状态反馈平台	员工编号/姓名	员工成长项目总体积分、各模块积分以及具体项目积分现状、误差分析图	成长状态反馈—分析指导提示员工相关方向的课程强化和发展潜力优势，优化成长方案和成长路径
发展决策平台	员工编号/姓名	员工条件所满足的可选类型提示，或与理想发展类型的标准差距	决策建议—分析提示员工可启动的发展流程或辅导流程，进入新周期或获取帮助、优化方案等
HR 保障平台	HRM 基本职能模块	绩效指标分解图、走势分析、三线预警；薪酬等级结构图、联动走势分析；定员结构图、分布与后备现状（数量/质量）	HRM 反馈——反馈管理趋势和管理缺陷，提示及时优化和决策，为后续管理决策提供数据支持

7.4 文化保障机制

优秀的企业文化，可以吸引人才、影响人才、留住人才，使企业具有更大的活力和竞争力。优秀的企业文化可以引导员工的思想和行为，企业文化一旦形成，则具有其特定的标准和规范，其对员工的个人价值和行为取向具有良好的引导和纠正作用，可以约束和规范员工的思想和行为，对员工的个体行为造成影响和动力，达到行为的自我控制。

在企业战略发展、产品定位、员工管理等过程中，经过日积月累的积淀，企业会在员工、客户乃至社会群体中形成一种思想反映，虽然主观，但却潜移默化，不易改变。例如华为公司的每个生产环节上的员工，无论是在前台负责服务客户的销售和技术支持人员，还是在后台负责研发和测试的人员，每一位员工在工作的过程中都在为最终产品的使用者（客户）考虑，负责任地去思考和工作，这就是一种文化，一种潜移默化地以客户为核心的思考习惯和工作定位。

企业是否拥有尊重人才、追逐成长、善用人才的文化，将影响企业是否拥有想干事和想干好事的员工，是否拥有不善嫉、不打压、拥护能干事的人，互相学习帮助鼓励的团队。而这正是支撑企业健康、科学、良性发展的基础和力量保障。因此，企业构建良好的企业文化，将有利于促进企业员工学习、成长、努力发展。

拥有良好管理素质的管理者，方能管理卓有成效，传递优秀的管理理念和良好的企业文化，有效管理员工，帮助员工成长，带出来更有凝聚力的团队，培养出更优秀的员工。系统和制度的实施是否公平，将会直接影响员工学习成长的积极性。制度的执行须坚持原则，一视同仁，要有“天子违法与庶民同罪”的勇气，要有“上下一样”的魄力，这样执行的制度才有约束力和震慑力，才能让人信服，也让员工养成良好的工作和思考习惯，从而凝结成企业文化的一部分。

营造真诚、信任、沟通融洽的企业氛围。海尔集团创始人张瑞敏提出“以人为本，以德为本，以诚为本，君子之争，和气为本”。管理者与部下及员工之间，彼此真诚相待是至关重要的，是工作开展的基本前提。有了真诚相待，互相信任也是很关键的，管理者信任员工，员工信任管理者，员工之间相互信任，进行融洽的沟通，员工相互之间了解工作中的相关信息，从而更好地改善工作。上下级经常沟通，能促进工作更加有效的展开。让员工真正相信我的努力是可以反映到绩效中，我的绩效是可以与薪酬发展联动的，从而激发员工成长热情和信心。

7.5　本章小结

本章主要介绍了企业核心员工自适应职业发展管理系统运行所需的保障机制设计的必要性以及各项内容。首先，从系统运行所需资源角度分析，提出为系统运行过程中所需投入的人力、财力、物力资源保障。其次，从系统运行所需的发展环境的角度分析，提出从运行的组织保障、引入上下级晋升发展承诺制的岗位竞聘制度保障、激发干部激情的干部任期管理制度保障、激发员工持续发展的发展—薪酬联动制度保障、发展过渡所需的后备库管理等保障机制的重要性和设计方法，为管理系统运行提供公平、透明、动态的发展环境。再次，从系统运行高效性的角度分析，职业发展管理系统运行过程中所涉及的信息分享、数据积累整合处理、信息反馈、资源供应、发展申请等需求，提出系统信息化需求，通过职业发展管理信息系统的支持，有效提高系统运行效率。最后，从系统运行所需的文化环境的角度分析，提出建立良好的尊重人才、重视人才、善用人才的企业文化氛围，潜移默化地影响员工努力学习向上、成长发展。

第 8 章　结论与展望

8.1　结论

核心员工职业发展管理对企业吸引人才、培养人才和留住人才具有重要意义，是企业可持续发展的重要保障。为此，本书以企业核心员工为主要研究对象，提出自适应职业发展管理理念，研究构建企业核心员工自适应职业发展管理系统，并取得了以下研究成果。

（1）本书基于企业发展过程中的人才支撑需求，界定了本书研究的核心员工的范围，分析了现代企业核心员工队伍特征和发展需求，在此基础上提出自适应职业发展管理理念，形成自适应职业发展管理系统框架，为后续职业发展管理系统的全面构建奠定基础。

（2）本书基于企业人才需求构建职业发展倒圆锥模型，分析员工履责水平的影响因素，从工作内容、工作标准、工作流程、履责关键点等多个方面分析构建了履责基础目标引导体系，引导员工通过自我管理提升责任心和履责能力；分析员工发展动力来源，从工作定位、胜任标准、价值激励等多个方面分析构建了成长发展目标引导网络，以网络地图形式，告知员工发展空间、发展路径标准及发展激励等，引导员工理性分析选择职业发展目标。在目标体系引导下，应用灰色聚类函数，帮助员工分析个体在组织中的发展优势和潜在发展方向，为员工职业发展目标选择决策提供数据支持。

（3）本书基于核心员工学习成长特征，分析适合企业核心员工的学习成长路径，基于目标引导体系的目标参考模型，从学习内容、学习周期、学习形式等多个方面分析对接形成学习库，员工可选择定制适合个人成长标准的学习内容或课程，将企业普遍存在的视培训为负担的“被动培训”现状转化为“主动学习”，真正激发员工学习成长主动性，形成自我选择、在平台辅助下自我学习、自我申报评估的自我管理式学习成长方式。本书从组织支持角度，设计辅助员工成长的团队柔性沟通学习流程，为员工提供在工作过程中知识分享、学习改进的机会，帮助提升企业知识存量，解决学习与实践脱离问题。基于员工成长过程中可能面临的目标调整、成长计划调整、成长路径优化等关键环节需求，本书设计了成长与培养联动式的成长过程引导与辅助机制，协助和指导员工学习、成长和发展过程，帮助员工高效成长。

（4）本书基于员工目标与组织发展变化的匹配需求、员工学习成长方案与目标变化的匹配需求，构建了成长状态监测反馈体系，动态采集员工成长状态信息，与目标参考标准比较，获取成长误差，定量分析员工成长状态，作为员工发展目标优化、学习计划调整的依据，定量分析目标岗位发展群体的成长状态，为企业未来一定周期内该类人才队伍规划和引导网络标准的动态优化提供参考依据，为后续发展决策提供数据支持。

（5）本书基于员工个体发展过程中的优化调整需求和组织发展过程的系统优化调整需求，构建自适应决策支持体系，根据监测反馈数据分析，设计自适应决策规则和流程，为员工提供发展决策支持，帮助员工持续成长发展。本书基于核心员工队伍的时代特征和发展阶段需求，设计职业发展进程调节平台，帮助员工在不同发展阶段，从工作职责、工作负荷、工作条件等维度调节个人发展进程，给予员工自由发展空间，且为企业人才规划提供依据，使员工的能力、工作态度以及个人境遇的变化与企业不断调整的发展战略和人才需求达到最佳匹配。

（6）本书基于系统运行特点和运行目标，为保障系统的目标引导效果、学习成长过程的培养效果、成长状态监测反馈的准确性以及决策支持的精准性，从资源、环境、文化、信息化建设等方面提出了一系列的保障机制建设建议，为自适应职业发展管理系统运行提供公平、透明、向上的发展环境，确保系统稳定运行。

基于上述研究成果，本书实现了如下创新。一是实现了职业发展管理研究角度创新，应用自适应的理念，为企业搭建输入—控制—监测—反馈—优化的职业发展循环管理系统；二是实现了职业发展管理起点内容的创新，打破以晋升为发展起点和主体的模式，从现任职位履责能力发展提升的角度，设计了自我管理式的履责目标引导体系；三是实现了员工成长状态反馈形式创新，以“成长积分”形式定量反馈员工成长状态，为后续发展决策提供数据支持；四是实现了组织—员工匹配度预测方法的创新，应用决策集结模型，提升了客观数据和主观判断决策的一致性，为员工成长路径优化和企业人才选拔提供了有效的决策参考，具有较好的现实意义。此外，上述系统可操作性强，且可以通过相关软件或信息化系统设计支撑运行，具有较好的实用价值。

8.2 不足与展望

在人才流动全球化的市场背景下研究构建企业核心员工自适应职业发展管理系统是一个具有挑战性的研究课题。本书的研究只是对这一课题进行的一个初步的、有益的探索。由于企业核心员工职业发展管理过程中，会受到很多不确定因素的影响，因此本书构建的职业发展管理系统需要动态维护和优化完善。随着企业战略发展、业务转型、机构优化等，需要动态调整系统相关参数内容。随着系统运行，可以用系统累积采集的数据来验证本书设计的系统运行的合理性和有效性，发掘系统优化空间，对系统进行优化改进，不断提升系统的有效性和科学性。为此笔者今后将继续致力于企业员工职业发展管理系统优化研究工作。根据我国企业不断发展变化的实际情况，及时采集整理相关数据，对系统进行检验和优化，以期进一步提升系统的有效性和实用价值，使系统能够更加有效地管理员工的职业发展过程，为企业提供可持续的人才支撑，为我国企业人才队伍建设提供平台和管理参考。

参考文献

[1] 张再生. 职业生涯开发与管理[M]. 天津：南开大学出版社，2003.

[2] Herr E L. Career development and its practice：A historical perspective[J]. The Career Development Quarterly，2001，49(3)：196-211.

[3] 施恩. 职业的有效管理[M]. 北京：三联书店，1992.

[4] Ginzberg E，Ginsburg S W，Axelrad S，et al. Occupational choice[M]. New York，1951.

[5] Greenhaus J H，Parasuraman S，Wormley W M. Effects of race on organizational experiences，job performance evaluations，and career outcomes[J]. Academy of management Journal，1990，33(1)：64-86.

[6] Super D E. Career patterns as a basis for vocational counseling[J]. Journal of Counseling Psychology，1954，1(1)：12.

[7] Aubrey R F. Historical development of guidance and counseling and implications for the future[J]. The Personnel and Guidance Journal，1977，55(6)：288-295.

[8] Hinrichs J R. A replicated study of job satisfaction dimensions[J]. Personnel psychology，1968，21(4)：479-503.

[9] Holland J L. A theory of vocational choice[J]. Journal of counseling psychology，1959，6(1)：35.

[10] Larson L M，Rottinghaus P J，Borgen F H. Meta-analyses of Big Six interests and Big Five personality factors[J]. Journal of Vocational Behavior，2002，61(2)：217-239 .

[11] O'Neil J M，Magoon T M，Tracey T J. Status of Holland's Investigative personality types and their consistency levels seven years later[J]. Journal of Counseling Psychology，1978，25(6)：530.

[12] Sonnenfeld J，Kotter J P. The maturation of career theory[J]. Human relations，1982，35(1)：19-46.

[13] Bernes K, Magnusson K C. A synergistic model of organizational career development[J]. 1999: 25-36.

[14] De Cieri H, Cox J W, Fenwick M. A review of international human resource management: integration, interrogation, imitation[J]. International Journal of Management Reviews, 2007, 9(4): 281-302.

[15] Pazy A. Joint Responsibility The Relationships Between Organizational and Individual Career Management and the Effectiveness of Careers[J]. Group & Organization Management, 1988, 13(3): 311-331.

[16] West J P, Berman E. Human resource strategies in local government: A survey of progress and future directions[J]. The American Review of Public Administration, 1993, 23(3): 279-297.

[17] Sturges J, Guest D, Conway N, et al. A longitudinal study of the relationship between career management and organizational commitment among graduates in the first ten years at work[J]. Journal of Organizational Behavior, 2002, 23(6): 731-748.

[18] 高艳, 陆宁. 我国人力资源管理若干理论问题的研究状况[J]. 长安大学学报(社会科学版), 2004, 6(2): 19-23.

[19] Greenhaus J H, Callanan G A, Godshalk V M. Career management[M]. Sage, 2009.

[20] 龙立荣, 方俐洛,凌文辁. 组织职业生涯管理及效果的实证研究[J]. 管理科学学报, 2002, 5(4): 61-67.

[21] 张旭, 张爱琴. 企业组织发展与员工职业生涯管理[J]. 中国人力资源开发, 2003 (3): 65-67.

[22] 翁清雄, 胡蓓. 人才流动的成长效应[J]. 经济管理, 2008, 30(5): 54-57.

[23] Greenhaus J H, Callanan G A, Gibson D E. Encyclopedia of career development [M]. SAGE Publications Inc, 2006.

[24] Pazy A. Joint Responsibility The Relationships Between Organizational and Individual Career Management and the Effectiveness of Careers[J]. Group & Organization Management, 1988, 13(3): 311-331.

[25] Herriot P, Gibbons P, Pemberton C, et al. An empirical model of managerial ca-

reers in organizations[J]. British Journal of Management, 1994, 5(2): 113-121.

[26] Crabtree M J. Employees' perceptions of career management practices: The development of a new measure[J]. Journal of Career Assessment, 1999, 7(2): 203-212.

[27] Arnold J, Cohen L. The Psychology of Careers in Industrial and Organizational Settings: A Critical But Appreciative Analysis[J]. International review of industrial and organizational psychology, 2008, 23: 1.

[28] Jiang J J, Klein G. Supervisor support and career anchor impact on the career satisfaction of the entry-level information systems professional[J]. Journal of management information systems, 1999, 16(3): 219-240.

[29] Arthur M B. The boundaryless career: A new perspective for organizational inquiry[J]. Journal of organizational Behavior, 1994, 15(4): 295-306.

[30] Igbaria M, Kassicieh S K, Silver M. Career orientations and career success among research, and development and engineering professionals[J]. Journal of Engineering and technology management, 1999, 16(1): 29-54.

[31] Kim Y, Cha J. Career orientations of R&D professionals in Korea[J]. R&D Management, 2000, 30(2): 121-138.

[32] Petroni A. Career route preferences of design engineers: an empirical research[J]. Career Development International, 2000, 5(6): 288-294.

[33] El-Sabaa S. The skills and career path of an effective project manager[J]. International journal of project management, 2001, 19(1): 1-7.

[34] Sonnenfeld J A, Peiperl M A. Staffing policy as a strategic response: A typology of career systems[J]. Academy of Management Review, 1988, 13(4): 588-600.

[35] Sonnenfeld J A, Peiperl M A, Kotter J P. Strategic determinants of managerial labor markets: a career systems view[J]. Human Resource Management, 1988, 27(4): 369-388.

[36] Gutteridge T G. Organizational Career Development: Benchmarks for Building a World-Class Workforce. Jossey-Bass Management Series[M]. Jossey-Bass Inc., 350 Sansome Street, San Francisco, CA 94104 (discount on bulk quantities)., 1993.

[37] Baruch Y. Career systems in transition: A normative model for organizational career practices[J]. Personnel review, 2003, 32(2): 231-251.

[38] Schein E H, Schein E. Career dynamics: Matching individual and organizational needs[M]. Reading, MA: Addison-Wesley, 1978.

[39] Hall D T, Katzell R A. Career development in organizations[M]. San Francisco: Jossey-Bass, 1986.

[40] Hall D T, Chandler D E. Psychological success: When the career is a calling[J]. Journal of Organizational Behavior, 2005, 26(2): 155-176.

[41] Larson L M, Rottinghaus P J, Borgen F H. Meta-analyses of Big Six interests and Big Five personality factors[J]. Journal of Vocational Behavior, 2002, 61(2): 217-239.

[42] 谢晋宇. 后企业时代的职业生源开发研究和实践: 挑战和变革[J]. 南开管理评论, 2003, 6(2): 13-18.

[43] 格林豪斯,等. 职业生涯管理[M].北京:清华大学出版社, 2006.

[44] Baruch Y. Career development in organizations and beyond: balancing traditional and contemporary viewpoints[J]. Human Resource Management Review, 2006, 16(2): 125-138.

[45] Baruch Y, Peiperl M. Career management practices: an empirical survey and implications[J]. Human resource management, 2000, 39(4): 347-366.

[46] Thite M. Help us but Help Yourself: The Paradox of Contemporary Career Management[J]. Career Development International, 2001, 6(6).

[47] 赵曙明. 中国人力资源管理三十年的转变历程与展望[J]. 南京社会科学, 2009(1): 7-11.

[48] 廖泉文. 能岗匹配原理的理论与实践分析[J]. 福建理论学习, 2004(7):10-13.

[49] 马力. 职业发展研究——构筑个人和组织双赢模式[D]. 厦门: 厦门大学, 2004.

[50] 张勉, 张德. IT 企业雇员离职影响因素研究[J]. 中国软科学, 2003 (5): 76-80.

[51] 张勉, 张德, 李树茁. IT 企业技术员工离职意图路径模型实证研究[J]. 南开

管理评论, 2003, 6(4): 12-20.
[52] 马士斌. 职业维度的生涯历程研究[D]. 上海: 华东师范大学, 2005.
[53] 孙妍. 基于价值链营销的职业生涯管理理论研究[D]. 天津: 天津大学, 2007.
[54] 赵慧娟. 基于员工职业发展与组织发展的个人—组织契合权变管理模型[D]. 湖北: 华中科技大学, 2009.
[55] 刘天祥. IT 产业知识型员工职业生涯管理策略构成因素研究[J]. 大连理工大学学报(社会科学版), 2008 (2): 30-36.
[56] 肖雅楠. 职业生涯早期阶段员工离职倾向与管理对策研究[D]. 天津: 天津大学, 2010.
[57] 陈复扬,姜斌. 自适应控制与应用[M]. 北京:国防工业出版社,2009.
[58] Mesnier M, Thereska E, Ganger G R, et al. File classification in self-* storage systems[C]. Autonomic Computing, 2004. Proceedings. International Conference on. IEEE, 2004: 44-51.
[59] Goldman R, McHugh J, Widom J. From semistructured data to XML: Migrating the lore data model and query language[R]. University of Stanford, 1999.
[60] Robert Grimm, Michael M Swift, Henry M Levy. Revisiting Structured Storage: A Transactional Record Store [R]. Technical Report UW2 CSE200204201, University of Washington, Department of Computer Science and Engineering,2000.
[61] 叶其革, 王晨皓,吴捷. 自适应控制及其在电力系统中的应用[J]. 电力系统自动化, 1997, 21(11): 49-53.
[62] 郑永伟, 陈民铀, 李闯,等. 自适应调节下垂系数的微电网控制策略[J]. 电力系统自动化, 2013, 37(7): 6-11.
[63] Rockström J, Steffen W, Noone K, et al. A safe operating space for humanity[J]. Nature, 2009, 461(7263): 472-475.
[64] Taylan O, Karagözoglu B. An adaptive neuro-fuzzy model for prediction of student's academic performance[J]. Computers & Industrial Engineering, 2009, 57(3): 732-741.
[65] Celik O, Ertugrul S. Predictive human operator model to be utilized as a controller using linear, neuro-fuzzy and fuzzy-ARX modeling techniques[J]. Engineering

Applications of Artificial Intelligence, 2010, 23(4): 595-603.

[66] Tan Z, Quek C, Cheng P Y K. Stock trading with cycles: A financial application of ANFIS and reinforcement learning[J]. Expert Systems with Applications, 2011, 38(5): 4741-4755.

[67] Mellit A, Kalogirou S A. ANFIS-based modelling for photovoltaic power supply system: A case study[J]. Renewable energy, 2011, 36(1): 250-258.

[68] Noori R, Hoshyaripour G, Ashrafi K, et al. Uncertainty analysis of developed ANN and ANFIS models in prediction of carbon monoxide daily concentration[J]. Atmospheric Environment, 2010, 44(4): 476-482.

[69] Salahshoor K, Kordestani M, Khoshro M S. Fault detection and diagnosis of an industrial steam turbine using fusion of SVM (support vector machine) and ANFIS (adaptive neuro-fuzzy inference system) classifiers[J]. Energy, 2010, 35(12): 5472-5482.

[70] Dogantekin E, Dogantekin A, Avci D, et al. An intelligent diagnosis system for diabetes on linear discriminant analysis and adaptive network based fuzzy inference system: LDA-ANFIS[J]. Digital Signal Processing, 2010, 20(4): 1248-1255.

[71] 杜丹丽, 肖燕红. 动态环境下企业组织自适应控制模型研究[J]. 科技管理研究, 2009, 29(8): 293-295.

[72] 高晓红. 基于网络的自适应学习系统研究[D]. 上海: 上海师范大学, 2003.

[73] 常炀. 自适应考试测评系统的设计与实现[D]. 上海: 复旦大学, 2009.

[74] 李孝诚, 刘兆丽. 基于自适应控制的数学学习系统的设计与实现[J]. 电脑知识与技术: 学术交流, 2011, 7(10): 2245-2246.

[75] 杨凡. 员工就业能力与职业生涯成功的关系研究[D]. 广东: 暨南大学, 2011.

[76] Atchison T J. The employment relationship: un-tied or re-tied[J]. The Executive, 1991: 52-62.

[77] Lepak D P, Snell S A. The human resource architecture: Toward a theory of human capital allocation and development[J]. Academy of management review, 1999, 24(1): 31-48.

[78] Dess G G, Shaw J D. Voluntary turnover, social capital, and organizational per-

formance[J]. Academy of Management Review, 2001, 26(3): 446-456.
[79] 查尔斯·汉迪原著,谢德高编著. 查尔斯· 汉迪管理思想全书[M]. 哈尔滨: 黑龙江人民出版社, 2002.
[80] 利布拉纳姆. 留住核心员工[M]. 北京: 中国劳动社会保障出版社,2004.
[81] 郑文力. 经理级人才流失的思考[J]. 中国人力资源开发, 2002(5):24-26.
[82] 杨杰, 方俐洛. 留住核心员工[J]. 人才瞭望, 2004 (4): 44-45.
[83] 唐效良. 如何留住企业的核心员工[J]. 中国人力资源开发, 2002 (8): 53-55.
[84] 颜爱民. 基于生态位理论的企业及其核心员工评价与匹配研究 [D]. 长沙: 中南大学, 2006.
[85] 于德利. 企业核心员工流失风险管理研究 [D]. 济南: 山东大学, 2007.
[86] 徐晓飞. 核心员工生态位构建机理及生态位适宜度测评研究[D]. 长沙: 中南大学, 2009.
[87] 卢菲菲. SDIS 核心员工激励体系设计[D]. 济南: 山东大学, 2011.
[88] 邱春焱. 核心员工组织支持感对职业成长的影响研究[D]. 浙江: 浙江工商大学, 2013.
[89] 唐虹. 分配资源价值评价技术与分配模型研究[D]. 北京: 华北电力大学, 2012.
[90] 潘金云. 劳动报酬学[M].北京:劳动人事出版社, 1986.
[91] 周石. 80 后员工"职业观"分析[J]. 管理世界, 2009 (4): 184-185.
[92] 王鑫, 张再生. 新生代员工内职业成熟度对离职倾向影响研究—基于自我职涯管理与职业承诺的调节作用[J]. 天津大学学报(社会科学版), 2012, 14(5): 427-431.
[93] 申红卫. 企业核心员工的"流"与"留"[J]. 山西财经大学学报, 2012, 34(S1):108-109.
[94] 孙清华. SHRM 视角下的核心员工保留及企业绩效研究 [D]. 济南: 山东大学, 2008.
[95] 马晓平. 核心员工对高新技术企业核心竞争力和效率的影响研究[D]. 武汉: 华中科技大学, 2008.
[96] 徐茜. 知识型员工流动影响因素及作用机制研究 [D]. 济南: 山东大

学, 2009.
[97] 徐鹿. 人力资本激励机制有效性研究[M]. 北京:科学出版社,2013.
[98] 彼得·德鲁克. 管理:任务、责任、实践[M]. 北京:中国社会科学出版社, 1987.
[99] David Handley. NVQs and Reform of Vocational Qualifications in the United Kingdom [A]. 中英职业资格证书制度研讨会文集[C]. 北京:中国劳动社会保障出版社,1996.
[100] Jessup G. Outcomes: NVQs and the emerging model of education and training [M]. Routledge, 1991.
[101] 张黎青. 企业任职资格管理体系构建[D]. 北京: 华北电力大学, 2010.
[102] 彭剑锋,饶征. 基于能力的人力资源管理[M]. 北京:中国人民大学出版社, 2003.
[103] 饶征,彭剑锋,等. 任职资格与职业化[M]. 北京:中国人民大学出版社, 2004.
[104] 范金,景成芳,钱晓光. 任职资格与员工能力管理[M]. 北京:人民邮电出版社, 2011.
[105] 杨序国. 任职资格管理[M]. 北京:机械工业出版社, 2009.
[106] 王丁. 研发人员培养研究[D]. 厦门: 厦门大学, 2009.
[107] 蔡真,达庆利,韩勇. 基于灰色白化权函数构造的效用方法的投资组合决策[J]. 现代管理科学,2005(7):108-110.
[108] 庞敏,张建东,刘明阳. 基于白化权函数聚类法的航电系统效能评估[J]. 计算机仿真, 2012, 29(4): 112-115.
[109] 奚秀岩. 基于模糊聚类模型的高科技产业集群集成创新研究[J]. 科技管理研究, 2012, 32(24): 1-4.
[110] 陈厚合, 运奕竹, 邢文洋,等. 基于聚类分析方法的电力系统负荷节点分区策略[J]. 电力系统保护与控制, 2013, 41(12): 47-53.
[111] 沈小伟, 王飞跃, 程长建,等. 聚类分析方法在企业班组管理中的应用[J]. 自动化学报, 2012, 38(4): 563-569.
[112] 刘思峰,谢乃明. 基于改进三角白化权函数的灰评估新方法[J]. 系统工程学报,2011,26(2):244-250.

[113] 施小凡. 如何帮助员工学习[J]. 南钢科技与管理, 2007(2) : 61-63.
[114] 张竞. 基于公司战略的公司大学研究[D]. 杭州:浙江大学, 2006
[115] 周军平. 建构主义学习理论及其倡导的教学模式[J]. 兰州交通大学学报, 2006, 25(2): 121-124.
[116] 朱建敏. 建构主义理论在员工培训中的应用[J]. 现代企业教育, 2006(13): 120-121.
[117] 王勇. 基于能力的人力资源管理理论研究[D]. 杭州: 浙江大学, 2003.
[118] 贾建锋. 基于能力的知识型企业人力资源开发研究[D]. 沈阳: 东北大学, 2007.
[119] Seligman M E P. Flourish: A visionary new understanding of happiness and well-being[M]. Simon and Schuster, 2012.
[120] Kram K E, Isabella L A. Mentoring alternatives: The role of peer relationships in career development[J]. Academy of management Journal, 1985, 28(1): 110-132.
[121] Higgins M C, Kram K E. Reconceptualizing mentoring at work: A developmental network perspective[J]. Academy of Management Review, 2001, 26(2): 264-288.
[122] 周小虎, 刘冰洁, 吴雪娜, 等. 员工导师网络对员工职业生涯成功的影响研究[J]. 管理学报, 2009, 6(11): 1486-1491.
[123] 涂博松. 师徒制度功能对徒弟职业生涯成效影响整合分析[D]. "国立"政治大学, 2011.
[124] Levinson D J. The seasons of a man's life[M]. Random House LLC, 1978.
[125] Donaldson S I, Ensher E A, Grant-Vallone E J. Longitudinal examination of mentoring relationships on organizational commitment and citizenship behavior [J]. Journal of Career Development, 2000, 26(4): 233-249.
[126]王金城, 杨斌. 反馈控制原理在教学质量监控系统中的应用研究[A]. 第三届全国高等学校电气工程及其自动化专业教学改革研讨会论文集[C]. 2005.
[127] 程江. 激励的本质与主体性的转化 [J]. 南开大学学报, 2012.
[128] 余顺坤,王巧莲. 基于非均匀性语言标度和 DLWA 算子的动态绩效模糊群决策研究[J]. 中国管理科学,2013,21(5):115-120.
[129] Delgado M, Herrera F, Herrera-Viedma E, et al. Combining numerical and lin guistic information in group decision making[J]. Information Sciences, 1998,

107(1): 177-194.

[130] Herrera F, Herrera-Viedma E. A model of consensus in group decision making under linguistic assessments[J]. Fuzzy sets and Systems, 1996, 78(1): 73-87.

[131] 易平涛, 郭亚军, 李伟伟. 基于密度算子的多阶段群体评价方法及应用[J]. 东北大学学报(自然科学版), 2011, 32(5): 752-756 .

[132] 徐泽水. 基于模糊语言评估和 GIOWA 算子的多属性群决策方法[J]. 系统科学与数学,2004,24(2):218-224.

[133] 徐泽水. 基于语言标度中术语指标的多属性群决策法[J]. 系统工程学报, 2005,20(1):84-88.

[134] 许叶军,达庆利. 基于不同粒度语言判断矩阵的多属性群决策方法[J]. 管理工程学报, 2009,23(02):69-73.

[135] 燕蜻,梁吉业. 混合多属性群决策中的群体一致性分析方法[J]. 中国管理科学,2011,19(6):133-140.

[136] 蒋宏兰. 基于模糊多属性群决策的供应商选择方法研究[J]. 价值工程, 2010,29(8):21-22.

[137] 李琳,刘雅奇,李双刚. 一种群决策专家客观权重确定的改进方法[J]. 运筹与管理, 2011,20(4):77-81.

[138] 刘健,刘思峰,周献中,等. 多属性决策决问题的满意度与赋权研究[J]. 中国管理科学, 2011,19(6):126-132.

[139] 徐泽水. 关于层次分析中几种标度的模拟评估[J]. 系统工程理论与实践, 2000,20(7) :58-62.

[140] 戴跃强,徐泽水,李琰,等. 语言信息评估新标度及其应用[J]. 中国管理科学, 2008,16(2):145-149.

[141] 徐泽水. 基于语言信息的决策理论与方法[M]. 北京:科学出版社,2008.

[142] 王晓暾, 熊伟. 基于 DLOWG 算子的 FMEA 风险评估方法[J]. 浙江大学学报(工学版), 2012, 46(1): 182-188 .

[143] Ze-shui X. Dynamic linguistic preference relations and their use in multi-period decision making[C]. Management Science and Engineering, 2007. ICMSE 2007. International Conference on. IEEE, 2007: 345-350.

[144] 徐泽水. 层次分析新标度法[J]. 系统工程理论与实践,1998,18(10):75-78.

[145] 于泳红. 职业生涯决策整合模型研究[D]. 上海：华东师范大学, 2004.

[146] Kristof A L. Person - organization fit: An integrative review of its conceptualizations, measurement, and implications[J]. Personnel psychology, 1996, 49(1): 1-49.

[147] Piasentin K A. How Do Employees Conceptualize Fit? Development of a Multidimensional Measure of Subjective Person-organization Fit[M]. ProQuest, 2007.

[148] Feldman D C, Vogel R M. The aging process and person-environment fit[J]. Research in careers, 2009, 1: 1-25.

[149] Vandenberghe C. Organizational culture, person-culture fit, and turnover: a replication in the health care industry[J]. Journal of Organizational Behavior, 1999, 20(2): 175-184.

[150] Westerman J W, Cyr L A. An integrative analysis of person - organization fit theories[J]. International Journal of Selection and Assessment, 2004, 12(3): 252-261.

[151] Kausel E E, Slaughter J E. Narrow personality traits and organizational attraction: Evidence for the complementary hypothesis [J]. Organizational Behavior and Human Decision Processes, 2011, 114(1): 3-14.

[152] Jung H S, Namkung Y, Yoon H H. The effects of employees' business ethical value on person - organization fit and turnover intent in the foodservice industry [J]. International Journal of Hospitality Management, 2010, 29(3): 538-546.

[153] Schneider B. The people make the place[J]. Personnel psychology, 1987, 40(3): 437-453.

[154] Schneider B. Fits about fit[J]. Applied Psychology, 2001, 50(1): 141-152.

[155] Schneider B, GOLDSTIEIN H W, Smith D B. The ASA framework: An update [J]. Personnel psychology, 1995, 48(4): 747-773 .

[156] Kristof - Brown A L, Zimmerman R D, Johnson E C. CONSEQUENCES OF INDIVIDUALS'FIT AT WORK: A META - ANALYSIS OF PERSON - JOB, PERSON - ORGANIZATION, PERSON - GROUP, AND PERSON - SUPERVISOR FIT[J]. Personnel psychology, 2005, 58(2): 281-342.

[157] Jansen K J, Kristof-Brown A. Toward a Multidimensional Theory of Person-En-

vironment Fit[J]. Journal of Managerial Issues, 2006, 18(2):193-213.

[158] 张勉,张德,于丹. 期望匹配度对个体效能变量的影响实证研究[J]. 预测, 2003(4):16-21.

[159] 王萍. 人与组织匹配的理论与方法的研究[D]. 武汉: 武汉理工大学, 2007.

[160] 王忠,张琳. 个人—组织匹配、工作满意度与员工离职意向关系的实证研究[J]. 管理学报, 2010,7(3): 379-385.

[161] Jian-jun Z, Si-feng L, Li-hong L. Research on interval grey preference information aggregation approach[C]//Systems, Man and Cybernetics, 2007. ISIC. IEEE International Conference on. IEEE, 2007: 2160-2164.

[162] Zhu J, Liu S, Wang M. Integration of weights model of interval numbers comparison matrix[J]. Acta Automatica Sinica, 2005, 31(3): 434 .

[163] Takami H. An Optimal Current-Control of Permanent Magnet Synchronous Motor by ILQ Design Method[J]. TRANSACTIONS-SOCIETY OF INSTRUMENT AND CONTROL ENGINEERS, 2002, 38(8): 718-725.

[164] Fujii M, Fujii T. Reference Model Based ILQ Servo Design Method[C]. Proc of the 46th Annual Conf of the Institute of System, Control and Information Engineers. Kyoto. Institute of System, Control and Information Engineers, 2002, 1009: 17-18.

[165] Kunimatsu S, Fujii T, Tsujino T. Quadratic Stabilization of ILQ Servo Systems with Generalized Reference Inputs[J]. TRANSACTIONS - SOCIETY OF INSTRUMENT AND CONTROL ENGINEERS, 2003, 39(3): 307-309.

[166] 王翯华, 朱建军, 方志耕. 基于灰色关联度的多阶段语言评价信息集结方法[J]. 控制与决策, 2013, 28(1): 109-114.

[167] Xu Ze-Shui. Multiple-period mutli-attribute group decision making under linguistic assessments[J]. International Journal of General Systems, 2009, 38(11): 823-850.

[168] 朱宁宁,朱建军,丁叶,等. 基于语言评价信息的快速集结方法研究[J]. 中国管理科学,2009,17(4):121-125.

[169] 余顺坤,王巧莲,尹昌浩. 基于绩效源分析的组织—员工发展匹配集结决策模型研究[J]. 中国管理科学,2014,22(4):142-148.

[170] 凯瑟琳·本科,安妮·韦斯伯格.大规模职业定制[M]. 钱谊,译. 北京:商务印书馆,2012.

[171] 何勤, 陶秋燕, 刘宇霞. 工作—家庭平衡问题国际比较研究[J]. 北京联合大学学报(人文社会科学版), 2010, 8(1): 94-99.

[172] 甘艳芬. 企业员工工作家庭冲突与其心理健康及生涯满意度的关系研究[D]. 苏州大学, 2007.

[173] 刘永强, 赵曙明, 王永贵. 工作—家庭平衡的企业制度安排[J]. 中国工业经济, 2008 (2): 85-94.

[174] 张琳琳. 国有企业员工工作—家庭冲突及其与工作倦怠的关系[J]. 西华大学学报(哲学社会科学版), 2010 (1): 121-124.

[175] 王婷, 徐培, 朱海英. 科研人员工作—家庭平衡与组织绩效关系研究[J]. 科学学研究, 2011, 29(1): 121-126.

[176] 战勇. 大规模定制生产模式理论综述及实践应用[J]. 商业时代, 2012 (25): 73-74.